LEARN French

THE BBC* WAY

*BRITISH BROADCASTING CORPORATION

Book 1   Programs 1–12

Course Designer	John Ross, University of Essex
Language Consultant	Danielle Raquidel
Drama sketches	Jean-Claude Arragon
Director	Terry Doyle
Producers	Alan Wilding, Tony Roberts
Executive Producers	Edith R. Baer, Sheila Innes

BARRON'S / Woodbury, New York

First U.S. Edition Published in 1977.

Barron's Educational Series, Inc.
113 Crossways Park Drive
Woodbury, New York 11797

Original edition published 1975 and entitled *Ensemble 1.*
Published by the British Broadcasting Corporation
35 Marylebone High Street, London W1M 4AA.

Text illustrations by Hugh Ribbans.

By arrangement with the British Broadcasting Corporation.
©1975 The British Broadcasting Corporation and the contributors.

International Standard Book No. 0-8120-0723-9

Contents

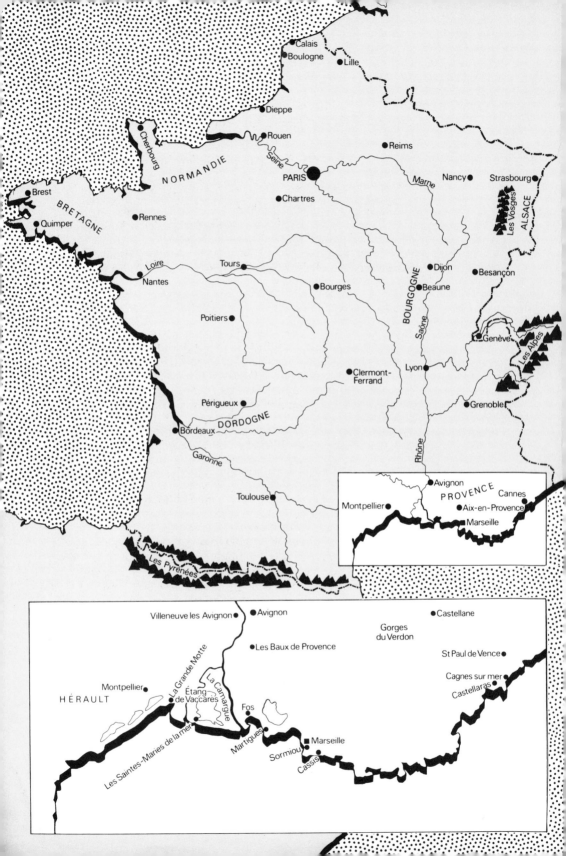

Introduction

Why the BBC Way?

This program for learning French combines books and tape cassettes to produce a basic beginners' course. The course will help you learn the fundamentals of French and will also enable you to get together with French-speaking people in everyday situations. The course is designed primarily for those studying at home, individually or in groups. But the best way to get used to speaking a language is through practice with other people, so we recommend that whenever possible, students of this BBC course should join a further education class.

The Programs

In each chapter, there are sections that are keyed to the cassette tapes. When you play the tapes, you will find that they are skits featuring real-life French conversations. Each of these dramatizations illustrates a key structure of French; the lessons in the books back up these programs by offering a grammatical explanation of the principles involved. The sketches are based on real situations and the recordings were made in France—in the streets, in cafes and shops, in people's houses—and so the voices you will hear are those of ordinary French people going about their everyday activities. These sketches will give you ample opportunity to hear authentic French and to practice what you have learned.

The Books

Each chapter begins with a dramatization, which you hear by playing the tape. It is followed by an explanation of that chapter's key structure, as well as a few other language points. You then are instructed to play the tape again in order to hear further examples of such structures in the context of spoken and written French. You can follow both the beginning dramatization and the follow-up one in your book. At times, the follow-up sketch skips a portion in your book. This combination of listening and reading French will help your understanding of the key structures as they are introduced.

Each chapter also includes exercises which you can do orally or in writing, and there are answers at the back of the book. The chapters also all feature a special *A propos* section which introduces various aspects of French life and customs.

Every sixth chapter contains a grammar summary and self-assessment test, so you can have some idea of your progress. We suggest that you read through the summary first, then try your skill. Correct your answers in the back, where you will also find page references in order to check anything you may have gotten wrong.

Living With the BBC Program

Obviously, the more contact with the language—and with the course—the better. Play the tape as often as you can, listening carefully to the pronunciation and trying to get a feel for the rhythm of the language. Don't for a moment think you have to learn every word in the course, however. If you're lost for a word, there's always a pocket dictionary. A vast number of French words are almost the same as in English anyway. The crucial thing to master is *not* vocabulary but key structures. Structures are bricks to build with; vocabulary is of your own choosing and depends largely on your personal needs. Indeed *you* may not immediately grasp every word used in the program. This is deliberate: where understanding is concerned, we aim to develop your ability to get the gist and the general meaning.

Where you *are* expected to be accurate is in your use of the key structures which form the basis of each lesson. They have been chosen because of the frequency with which they occur, and the range of situations they cover.

As you gain confidence, don't be afraid to experiment with the language even if you feel you're taking risks: the worst thing that can happen will be a gale of laughter (and this, incidentally, is a good ice-breaker, quite apart from the virtues of learning by one's mistakes). In any case the basic language you acquire will be adequate to retrieve the situation.

By the end of the course you should be well equipped to deal with the day-to-day situations travellers have to face: booking hotel rooms, asking the way, ordering meals and so on. You should be able to make your contribution to conversations with French people: describing things, expressing opinions and so on.

Finally, remember there is no *one* way to learn a language. Our suggestion is to give everything a try, and give it as much time as you can. After a couple of weeks you'll have worked out your way of using the course and that's when you'll really start making progress.

Pronunciation Guide

So many sounds in French—especially vowel sounds—are different from English, that the best way to start acquiring a good accent is to listen and imitate the speakers in the radio and television program. Better still, use the cassettes as often as possible in conjunction with the texts in this book. And don't be afraid of twisting your mouth into some unfamiliar shapes! In the early stages of the course, however, you may find the following brief guide a useful reference when working with the book alone. But please bear in mind that in print descriptions of sounds can only be approximate.

1. The final consonant in many French words is not pronounced at all

franc	français	tout	regardez	les
tabac	vous	escargot	Paris	Bardot

2. Vowels

a is often similar to the Southern English "a" sound in pat or cat:
Paris, Avignon, Sacha Distel, capitale, acteur

e in many words is almost elided. The "a" in English "above" or the English article in a man and a woman are the same "neutral" sound as the French "e": le, petit, de Gaulle, Alain Delon

è/ê are more similar to the English "a" in dare:
père, mère, bière, infirmière, vous êtes, vêtement, honnête

é is similar to, but crisper and shorter than, the "ay" sound in English eighteen:
café, géographie, étudiant

i is similar to the "i" in police:
qui, il, ville, Maurice, police, vite, six, dix, cigarette

o is similar to the "o" in odd or holiday:
voleur, géographie, révolution
NB "O" at the end of a word is more similar to the Scottish "o" in most or toast, i.e. pronounced with rounded lips. "Eau" and "au" are pronounced in the same way:
numéro, photo, château, bureau, au

u is probably the most difficult sound to imitate for English speakers. Try rounding your lips as if whistling. Then place the tip of your tongue against the back of your bottom teeth, and try to say "dee." The sound you make should be similar to the French word du:
du, musique, une, révolution

eu is like the "u" sound in fur, but cut it short:
deux, peu, vieux

ou is similar to the "oo" sound in English food, but the lips are rounded more tightly:
où, voudrais, tout, voulez-vous, couturier

oi This sound is similar to the "wa" sound at the beginning of Southern English wonder or the French word Loire:
au revoir, voix, trois, poisson, boîte, noir

3. Nasals These are sounds in which a vowel is followed by an "n" or "m."

en/an Say the English word "don" and you will see that the tip of your tongue touches the roof of your mouth at the end of the word. Now try saying the word again, but stop your tongue touching the roof of your mouth at the last moment. The sound you make should be similar to the French an and en sounds:
dans, français, restaurant, président, Jean, Rouen, and . . . Ensemble

on is similar to the an/en sounds but fuller and rounder, with lips slightly pursed. Try making the cavity of your mouth larger as you make this sound:
bon, bonjour, Dijon, Avignon, trompette, attention, question

un Try saying "sun" in the same way as "don" above (i.e. preventing your tongue from touching the roof of your mouth) and you should make the un sound heard at the end of French words:
un, Lebrun, aucun

in Same again, only this time try saying the word "ban" in the same way:
vin, Cardin, impossible, intéressant, vingt, prince

The same sound occurs in words ending -ien or -ain:
bien, musicien, parisien, train, pain, terrain

4. Consonants A number of these are pronounced differently from the English equivalents.

c   before an "e" or "i" is like the "s" of sea and soap:
merci, c'est, cigarette, cinq, centime, célibataire, France, Maurice, Alsace

c   before other letters is like the hard "c" in English "cat," "cot," or "cut":
Calais, Cardin, Cannes, Giscard, café, carte, couturier, acteur

ç   is always pronounced like the soft "s" above:
français, garçon, ça

ch   is like the "sh" sound in "shirt" or "sugar":
Charles de Gaulle, Sacha Distel, Chartres, architecte, chanteur, riche

g   before an "e" or "i" is like the English "s" sound in pleasure or measure:
Giscard, Brigitte, gendarme, géographie

g   before other letters is like the hard "g" in "goat".
de Gaulle, grand, magasin, Grace Kelly

gn   An exception is the sound of "g" followed by "n". This is pronounced rather like the "ny" sound of English "onion" or "opinion":
Champagne, Bourgogne, Avignon, Dordogne, campagne, montagne

j   is pronounced in the same way as the soft "g" in gendarme above:
je, bonjour, Dijon, Beaujolais, Jeanne d'Arc

th   is like the "t" in English "tap" or "Thomas," but less staccato:
thé, théâtre, cathédrale

qu   is always like the "k" sound in "kick" and never like the "kw" sound in quick:
qu'est-ce que c'est, qui est-ce, question, musique

h   is not pronounced:
histoire, hôtel, hôpital, hôtesse

5. Liaison The final consonant of a word is frequently not pronounced (see section 1 above). But if the word that follows in the sentence begins with a vowel or "h," the final "t" or "s" of the preceding word is carried over (and the "s" is pronounced like "z").
C'est le président *but* c'est un acteur
Les femmes *but* les hommes

un 1

Who's who and what's what?

Questions . . .	. . . Answers
Qu'est-ce que c'est ? *What is it ?* **Qui est-ce ?** *Who is it ?*	**C'est . . .** *It's . . .* **Ce n'est pas . . .** *It isn't . . .*

In this chapter, you will learn how to ask the identity of people and things, using the following questions:

> *Qui est-ce?* (also *Qui c'est?* and *C'est qui?*)
> *Qu'est-ce que c'est?*

You will also learn how to give identities using the phrase *C'est* (followed by the proper name *le/la/un/une* . . .) and you will learn how to use the negative in giving answers: *ce n'est pas* . . .

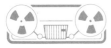

A television studio. A quiz game is just starting. The master of ceremonies, l'animateur, *opens the show.*

L'animateur	Bonjour mesdames, bonjour mesdemoiselles, bonjour messieurs. Et maintenant la grande finale ! (*Introduces the contestants.*) Et voici monsieur Blanc.
M. Blanc	Bonjour.
L'animateur	Madame Dupont.
Mme Dupont	Bonjour.
L'animateur	Et mademoiselle Descartes.
Mlle Descartes	Bonsoir.
L'animateur	Et voici la question numéro un. C'est une question d'histoire. Qui est ce personnage ? Qui est-ce ? *The photo of a young man appears on a screen.*
L'animateur	Madame Dupont, qui est-ce ?
Mme Dupont	C'est le prince Charles.
L'animateur	Non, ce n'est pas le prince Charles. Mademoiselle Descartes ?
Mlle Descartes	Je ne sais pas. Euh . . . Euh . . . Euh . . . C'est Sacha Distel ?
L'animateur	Mais non, mais non. Ce n'est pas Sacha Distel, ce n'est pas le prince Charles. C'est . . . ? Vite ! Vite ! Encore cinq secondes. Cinq, quatre, trois, deux, un . . . Ah ! Monsieur Blanc ?
M. Blanc	C'est de Gaulle ?
L'animateur	Mais oui. C'est de Gaulle. (*Applause.*)

1

Questions and answers

To find out or say *who* someone is or *what* something is you use these forms:

PEOPLE	Qui est-ce?
THINGS	Qu'est-ce que c'est?

C'est	Sacha Distel
	Bordeaux

C'est Sacha Distel and **C'est Bordeaux** are statements. But you can turn them into questions by making the pitch of your voice rise at the end of the sentence:

C'est Sacha Distel? Oui, c'est Sachel Distel.
C'est Bordeaux? Non, c'est Lyon.

If you already know the name you can ask for more information by putting the question this way:

Qu'est-ce que c'est, Bordeaux? – C'est une ville.
Qui est-ce, Sacha Distel? – C'est un chanteur.

NB You will also hear **Qui c'est ?** and **C'est qui ?** They are both rather more informal than **Qui est-ce ?**

2
le/la — "the" **un/une** — "a"

C'est	le	président
	un	
	la	princesse
	une	

Le and **un** are used with males, **la** and **une** with females. However, gender is not limited to humans; *things* are divided into the same categories.

C'est	le	fromage
	un	
	la	question
	une	

It's best to learn **le/un** and **la/une** as if they were part of the word. When the word begins with a vowel, **le** and **la** become **l'**, e.g., l'acteur, l'actrice.

3
Je ne sais pas (I don't know) is negative because of the words **ne . . . pas** (or **n' . . . pas** before a vowel). They can be fitted into any sentence to make it negative:

C'est Brigitte Bardot?
Non, ce **n'est pas** Brigitte Bardot; c'est Edith Piaf.

Later in the game. M. Blanc has three points, Mme Dupont two.

L'animateur	Et voici la question numéro six. C'est une question de géographie. (*The outline of France appears on the screen.*) Qu'est-ce que c'est? Mademoiselle Descartes?
Mlle Descartes	Je ne sais pas. Euh.. Euh.. Euh.. C'est la France?
L'animateur	Bravo mademoiselle! C'est la France (*Applause.*)

Later. M. Blanc has fifteen points, Mme Dupont has ten, Mlle Descartes has still only one point. A simple tune is played.

L'animateur	Et maintenant c'est une question de musique. Attention! Qu'est-ce que c'est? Monsieur Blanc? (*M. Blanc shrugs.*) Madame Dupont? (*Mme Dupont shakes her head*) Alors mademoiselle Descartes?
Mlle Descartes	Euh . . . c'est . . . euh . . . je ne sais pas!
L'animateur	Mais bien sûr! Bravo mademoiselle! C'est la chanson 'Je ne sais pas'! (*Thunderous applause.*)

Expressions

voici	*here is*
qui est ce personnage?	*who is this person?*
je ne sais pas	*I don't know*
mais non	*of course not*
encore cinq secondes	*five seconds to go*
vite!	*quickly! hurry up!*
mais oui	*of course*
attention!	*careful! watch out!*
bien sûr	*of course. quite right.*

1*

Our interviewer Annick Magnet went round Dijon to see whether people really do recognize the famous. Under her arm, photographs of some celebrities, including a picture of Charles de Gaulle as a young man. She spoke first to a girl . . .

Annick	Voilà une photo. Qui c'est?
Une jeune fille	C'est Brigitte Bardot.
Annick	Et là? C'est qui?
Une jeune fille	C'est Charlie Chaplin.
Annick	Oui. Qui c'est, Charlie Chaplin?
Une jeune fille	C'est un acteur.
Annick	Oui. Et là, qui c'est?
Une jeune fille	Picasso.
Annick	Oui. C'est qui, Picasso?
Une jeune fille	C'est un peintre.

2

Then she spoke to a man...

Annick	Pardon monsieur. Voici une photo. Qui c'est?
Un homme	Brigitte Bardot.
Annick	Et là, c'est qui?
Un homme	Charlie Chaplin.
Annick	Oui. C'est qui, Charlie Chaplin?
Un homme	C'est un acteur... acteur comique.
Annick	Et là, qui est-ce?
Un homme	Picasso.
Annick	C'est qui, Picasso?
Un homme	C'est un peintre cubiste.

3

Sometimes, of course, people are wrong...

Annick	Bonjour mademoiselle. Sur cette photo, qui c'est?
Une jeune fille	C'est le président de la République, Giscard d'Estaing.
Annick	Oui. Et là, c'est qui?
Une jeune fille	Je ne sais pas. Catherine Deneuve peut-être?
Annick	Non. Ce n'est pas Catherine Deneuve, mais c'est une actrice... et c'est une princesse aussi. Son prénom est Grace.
Une jeune fille	Peut-être Grace Kelly?
Annick	Mm. Et là qui c'est?
Une jeune fille	Le prince Charles, non?
Annick	Non. Ce n'est pas le prince Charles.
Une jeune fille	Charles de Gaulle?
Annick	C'est Charles de Gaulle. Merci beaucoup.

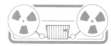

4*

And sometimes they need clues...

Annick	Et là, c'est qui?
Une jeune fille	Je ne sais pas.
Annick	C'est une princesse. C'est une actrice aussi.
Une jeune fille	Oui? Monaco, non? La princesse... non!
Annick	Oui!
Une jeune fille	La princesse de Monaco.
Annick	Oui. Et là, c'est qui?
Une jeune fille	Je ne sais pas.
Annick	C'est un couturier... français. Son prénom est Pierre.
Une jeune fille	Cardin!
Annick	Oui.

5

Annick	Et là, qui c'est?
Un homme	C'est Pierre Cardin.
Annick	Qui c'est, Pierre Cardin?
Un homme	C'est un couturier.
Annick	Et là, qui c'est?

Un homme	Mmm . . . Là, je ne sais pas.
Annick	C'est un Français. Son prénom est Charles.
Un homme	Alors, peut-être Charles de Gaulle.
Annick	Oui. Merci monsieur.

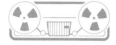

6*

Now a girl who tried them all . . .

Annick	Voilà une photo. Qui c'est?
Une jeune fille	C'est Brigitte Bardot.
Annick	Et là c'est qui?
Une jeune fille	C'est Charlie Chaplin.
Annick	Qui c'est, Charlie Chaplin?
Une jeune fille	C'est un acteur comique de cinéma.
Annick	Et là qui c'est?
Une jeune fille	C'est Pablo Picasso. C'est un peintre.
Annick	Français?
Une jeune fille	Espagnol.
Annick	Et là c'est qui?
Une jeune fille	C'est la princesse Grace Kelly de Monaco.
Annick	Et là c'est qui?
Une jeune fille	Ah. Je ne sais pas. C'est un couturier!
Annick	Oui.
Une jeune fille	C'est Louis Féraud?
Annick	Non. Mais c'est un couturier. Son prénom est Pierre.
Une jeune fille	Pierre Cardin!
Annick	Et là c'est qui?
Une jeune fille	Valéry Giscard d'Estaing.
Annick	Et là qui c'est?
Une jeune fille	Je ne sais pas.
Annick	C'est un Français. Son prénom est Charles.
Une jeune fille	Je ne sais pas du tout. Qui c'est?
Annick	C'est de Gaulle.
Une jeune fille	Oh!
Annick	Merci.

7

A quick general knowledge test for two eight-year-olds, Sandrine and Pascal.

Annick	Sandrine, qu'est-ce que c'est le camembert?
Sandrine	C'est un fromage.
Annick	Et le beaujolais?
Sandrine	C'est un vin.
Annick	C'est un vin. Et Bordeaux, qu'est-ce que c'est?
Pascal	C'est une ville.
Annick	C'est une ville. Et Paris, qu'est-ce que c'est?
Sandrine	C'est la capitale de la France.
Annick	C'est la capitale de la France. Et M. Valéry Giscard d'Estaing, qui c'est?
Pascal	C'est le président.
Annick	C'est le président de . . .?
Pascal	C'est le président de la France.

Annick	Oui. Et Charlie Chaplin, c'est qui?
Pascal	Je ne sais pas.
Annick	Charlot. (*a nickname for Charlie Chaplin.*)
Pascal	C'est un acteur.
Annick	Oui. Et Maurice Chevalier, c'est qui, Sandrine?
Sandrine	C'est un chanteur.
Annick	Oui. Et Charles Aznavour, c'est qui?
Pascal	Un chanteur aussi.
Annick	Merci. Au revoir Pascal, au revoir Sandrine.

Expressions

qui c'est/c'est qui?	*who is it?*
un acteur comique	*a comedian*
un peintre cubiste	*a cubist painter*
sur cette photo	*in this photo* (lit. *on*)
son prénom est . . .	*his/her christian name is . . .*
je ne sais pas du tout	*I've no idea; I don't know at all*

Exercises

1

Identify these pictures. Remember what to say if you don't know, otherwise use **C'est un** . . . or **C'est une** . . . : *carte d'identité, acteur, musicien, chanteur, gendarme, poule, poulet, princesse.*

2

Answer these questions about the pictures in exercise 1.
1 **C'est** une princesse? – Non, **ce n'est pas** une princesse, **c'est** une poule.
2 C'est un poulet?
3 C'est une carte d'identité?
4 C'est un acteur?
5 C'est un musicien?
6 C'est un chanteur?
7 C'est une poule?
8 C'est un gendarme?

3
You're stopped by Annick Magnet and asked to identify the pictures above. Start your answer with oui or non.
1 C'est Brigitte Bardot? – Oui, **c'est** Brigitte Bardot.
2 C'est Brigitte Bardot? – Non, **ce n'est pas** Brigitte Bardot, **c'est** . . .
3 C'est le prince Charles?
4 C'est Charlie Chaplin?
5 C'est Pablo Picasso?
6 C'est Grace Kelly?
7 C'est Napoléon?
8 C'est Charles de Gaulle?

4
This time we've given you the answers; you ask the appropriate question using **Qui est-ce?** or **Qu'est-ce que c'est?**
1 .... C'est un fromage.
2 .... C'est Edith Piaf.
3 .... C'est le président de la République.
4 .... C'est un poulet.
5 .... C'est une carte d'identité.
6 .... C'est Pablo Picasso.
7 .... C'est mademoiselle Descartes.

A propos. . .

Monsieur, Madame, Mademoiselle . . .

These titles are used all the time by people who don't know one another very well or at all – and very useful they are too if you have a bad memory for names. A word of warning about *madame* and *mademoiselle* – there is nothing corresponding to Ms in French, so if the woman looks older than 25, it's safer to call her *madame*; if she prefers *mademoiselle*, she'll tell you instantly. Similarly, with younger women, *mademoiselle* is safer if you can't spot a wedding ring. Play safe at first, then play it by ear.

Bonjour monsieur, bonsoir madame, au revoir mademoiselle . . .

To say "Hello" the French generally use *bonjour* during the day and *bonsoir* in the evening, although *bonjour* is often used in the evening as well. *Bonne nuit* really means "have a good night's sleep," so it's only used when someone's about to go to bed. *Adieu* is a very dramatic farewell—the most common way of saying "goodbye" at any time is *au revoir.* It is usual, when joining a small group—even if you know nobody, for instance in a neighborhood shop or a small café— to greet the company: *Bonjour mesdames* or *bonjour messieurs.* Usually this is shortened to *Bonjour messieurs-dames;* it's so automatic that people are liable to use it even if you're the only customer. Don't let it worry you . . . .

Dégustation gratuite. This sign means that there is a free tasting of food or drink. You won't normally find it on wells or taps. . . . What you *should* watch out for where water is concerned is the sign *Eau non potable*—"Not drinking water." On station platforms and in some other public places you'll often find taps marked *eau potable*— there the water *is* safe to drink.

Un gendarme is a member of *la Gendarmerie Nationale,* and he belongs to the branch of the French police that looks after country districts. In a city he would be *un agent de police*—addressed as *monsieur l'agent.*

La carte d'identité. Every adult French citizen has an identity card with an official photograph and a signature. It is used as proof of identity in situations where the British have to hunt around for driving licenses or pension books.

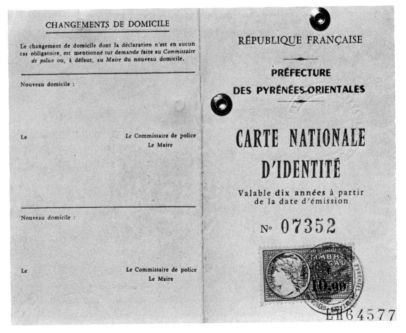

5
Hello and goodbye!

Use the correct greeting or farewell with the appropriate form of address: *monsieur, messieurs, madame, mesdames, mademoiselle.*

1 It's 8.30 a.m. and you're on your way out for the day. In the elevator you meet the old lady who lives upstairs.

2 You walk into a shop just before lunch. The middle-aged female assistant is serving two old ladies. Greet them.

3 As you're being served a man comes in. He greets you all. What do *you* say to *him*?

4 The two ladies have gone. The man is still to be served. Say goodbye to him and the assistant as you leave.

5 Two men in the street have just directed you to a restaurant. Say goodbye and thank them.

6 On your way home you stop to buy some tobacco. Say goodnight to the young girl who regularly serves you. (You know she's single)

7 On the way up in the lift you meet this morning's old lady again. Wish her a good evening.

deux 2 Getting to know you

Question . . .	. . . Answer
Comment vous appelez-vous? *What's your name?*	**Je m'appelle . . .** *I'm called . . .*

More information	
Je suis . . . *I am . . .*	**Il est . . .** *He is . . .*
Vous êtes . . . *You are . . .*	**Elle est . . .** *She is . . .*

In this chapter you will learn how to find out and supply personal information, including someone's name, profession, marital status, place of origin, nationality, and other relevant topics. You will learn to use *je, vous, il* and *elle*.

On a frosty morning, Victor, a young man, on a bicycle, skids at a crossroads and crashes. Paulette hears the noise.

Paulette	Mon Dieu! Qu'est-ce que c'est? Oh, c'est un accident . . . c'est un jeune homme . . . il est blessé! (*Rushes to Victor*) Vous êtes blessé?
Victor	Oui, je suis blessé . . . là . . . là . . . et là.
Paulette	Vite, un docteur! (*Stops a passer-by*) Vous êtes docteur? (*The passer-by shakes his head and hurries away.*) C'est terrible! Il est blessé! Vite, une ambulance! (*She rushes off to telephone.*)

Later an ambulance arrives.

Paulette	(*shouting*) Par ici! Vite! Il est blessé! *Two stretcher-bearers and a beautiful nurse, Jeanine, arrive.*
Jeanine	Qu'est-ce que c'est?
Paulette	C'est un accident! C'est un accident!
Jeanine	Oui, oui. Qui est-ce?
Paulette	Je ne sais pas.
Victor	Je m'appelle . . . je m'appelle . . . Lebrun . . . Victor . . . (*Faints*)

Paulette	Il est blessé! C'est grave?
Jeanine	Je ne sais pas encore! (*Starts to examine Victor*)
Paulette	(*scornfully*) Vous êtes infirmière, oui ou non?
Jeanine	Je suis infirmière. Je ne suis pas sorcière. (*to stretcher-bearers*) C'est grave. Vite à l'hôpital!

Inside the ambulance.

| Jeanine | Ça va? (*Victor groans*) Oh, mon Dieu, il est mort! (*She gives him the kiss of life.*) |

On arrival at the hospital, the driver, le conducteur, *opens the back door.*

Le conducteur	Alors, il est mort?
	There is a long silence. At last the nurse turns round and smiles.
Jeanine	Non, non, il n'est pas mort. Il est vivant. Il est bien vivant!

Expressions

mon Dieu!	*good heavens!*
par ici!	*over here!*
je m'appelle...	*my name is...*
je ne suis pas sorcière	*I'm not a magician*
il est bien vivant	*he's very much alive*

Explanations

1

How to give and obtain personal information

a) about yourself

| **je m'appelle** | Béatrice | I'm called... |

| **je suis** | dentiste
riche
de Dijon
une personne timide | I am... |

b) about the person you're talking to

| **vous êtes** | Dominique
infirmière
riche
de Paris
une personne intelligente | you are... |

19

c) about someone else

| il/elle est | dentiste
riche
de Paris | he/she is . . . |

| c'est | Dominique
une personne sympathique
une actrice | he/she is . . . |

2
Professions

There are two ways of saying what nationality someone is:

Il est français   *he is French*
Elle est française   *she is French*
or
C'est un Français   *he's a Frenchman*
C'est une Française   *she's a Frenchwoman*

Similarly, when saying what someone's profession is, omit **un** or **une** after **il est** or **elle est**.

Il est architecte   *or* C'est un architecte
Elle est infirmière *or* C'est une infirmière

And notice the absence of the word for "a" in the following:

Je suis musicien
Vous êtes infirmière
Pierre est philosophe

3
Description

To ask what someone is like use **il/elle est comment?**
Just as people and things have gender, so do the words that describe them.

| Monsieur Lenoir est | français
charmant |

| Madame Lenoir est | française
charmante |

Le beaujolais est **un** vin français   Bordeaux est **une** ville française

The most common way of indicating gender is to add an **-e** as above.

If the describing word (adjective) already ends in **-e** there is no change.

Monsieur	est	timide
Madame		riche

Adjectives ending **-eux** change their ending to **-euse.**

Monsieur Lenoir est	amour**eux**
	heur**eux**

Madame Lenoir est	amour**euse**
	heur**euse**

For other types of endings see p. 132.

NB Many professions and occupations have separate forms for males and females.
il est étudiant   **elle** est étudiant**e**

1

Annick Magnet asked another man to identify photos of the famous. But this time she wanted more information.

Annick	Voici une photo. C'est qui ?
Un homme	C'est Brigitte Bardot.
Annick	Et là, qui c'est ?
Un homme	C'est Charlie Chaplin.
Annick	Qui c'est, Charlie Chaplin ?
Un homme	Charlot !
Annick	Oui. Qui c'est, Charlot ?
Un homme	C'est un acteur de cinéma.
Annick	Il est français ?
Un homme	Il est anglais, non ?
Annick	Et là c'est qui ?
Un homme	C'est Picasso.
Annick	Oui, c'est qui, Picasso ?
Un homme	C'est un peintre.
Annick	Français ?
Un homme	Il est espagnol.
Annick	Et là, qui c'est ?
Un homme	Je ne sais pas.
Annick	C'est une princesse . . . et c'est une actrice aussi.
Un homme	C'est Marthe Keller, non ? Non ! C'est Grace Kelly !
Annick	Oui. Et là, qui c'est ?
Un homme	C'est . . . Pierre Cardin !
Annick	Oui. Et là, qui c'est ?
Un homme	C'est monsieur Valéry Giscard d'Estaing.
Annick	Et là, c'est qui ?
Un homme	Je ne sais pas.

Annick	C'est un Français. C'est un chanteur.
Un homme	C'est un chanteur, oui.
Annick	Son prénom est Maurice.
Un homme	C'est Maurice Chevalier.
Annick	Et là, qui est-ce?
Un homme	C'est le Prince Charles.
Annick	Vous êtes sûr? (*She gives a clue*) Il est français.
Un homme	C'est... Charles de Gaulle.
Annick	Merci beaucoup, monsieur.

Des Français
typiques...?

2

*How do the French see themselves? Annick asked people to
describe the stereotype "typical Frenchman" and "typical
Frenchwoman," starting with a woman's view on the French male.*

Annick	Il est grand? Il est petit?
Une femme	Il est moyen.
Annick	Il est moyen. Il est galant?
Une femme	Pas trop!
Annick	Gourmet?

Une femme	Oui, beaucoup!
Annick	Egoïste?
Une femme	Un peu.
Annick	Spirituel?
Une femme	Non.
Annick	Et la Française typique, elle est comment?
Une femme	Elle est coquette. Pas égoïste. (*Laughs*)
Annick	Bonne mère de famille?
Une femme	Oui, oui. Très bonne mère de famille.
Annick	Pratique?
Une femme	Oui, oui.
Annick	Elégante?
Une femme	Elégante.
Annick	Très elégante?
Une femme	Pas très élégante parce que tout est très cher.
Annick	Et vous, vous êtes une Française typique?
Une femme	Je pense.
Annick	Vous êtes mariée?
Une femme	Oui.
Annick	Vous êtes de Dijon?
Une femme	Oui.
Annick	Bon. Eh bien, merci madame.

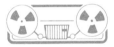

3*

Now a man's point of view — about men first of all.

Un homme	D'abord les défauts. Il est individualiste, indiscipliné, et bruyant. Ensuite pour les qualités, il est spirituel et relativement galant.
Annick	Il est bon mari?
Un homme	Je suis célibataire.
Annick	Mais le Français en général?
Un homme	Oh, je ne sais pas.
Annick	Et est-ce qu'il est gourmet?
Un homme	Oui certainement.
Annick	La Française typique maintenant. Elle est comment?
Un homme	Euh . . . elle est charmante, jolie . . . élégante surtout.
Annick	Elégante. Très élégante?
Un homme	Oui, je pense.
Annick	Est-elle pratique?
Un homme	Certainement, oui.
Annick	Bonne mère de famille?
Un homme	Je pense.
Annick	Eh bien, merci beaucoup.

4*

A woman speaks her mind on the French character.

Une femme	Il est très indiscipliné.
Annick	Il est gourmet?
Une femme	Oui.
Annick	Bon mari?
Une femme	En général, oui.
Annick	Et la Française typique? Elle est comment?

Une femme	La Française typique est une femme assez simple, responsable, active, elle est en général élégante.
Annick	Elle est coquette ?
Une femme	Oui, elle est coquette.
Annick	Et vous, vous êtes une Française typique ?
Une femme	Oui.
Annick	Vous êtes mariée, célibataire ?
Une femme	Je suis mariée.
Annick	Et vous êtes de Dijon ?
Une femme	Non, je ne suis pas de Dijon. Je suis parisienne.
Annick	Merci beaucoup madame.

5

Jean Maisonnave soon found out that some people don't like being stopped in the streets by strange men with microphones.

Jean	Pardon madame. Vous êtes de Dijon ?
Une femme	Non monsieur. Je ne suis pas de Dijon. Je suis de Beyrouth.
Jean	Vous êtes libanaise ?
Une femme	Oui, je suis libanaise. Excusez-moi, monsieur, je suis pressée.
Jean	Oh, excusez-nous. Bonsoir madame.

Expressions

pas trop	*not that much*
elle est comment ?	*what's she like?*
tout est très cher	*everything is very expensive*
je pense	*I think so*
d'abord les défauts	*first of all the faults*
ensuite pour les qualités	*now for the good points*
excusez-moi	*excuse me*
excusez-nous	*excuse us*

Exercices

1

Are they French ? Answer **Oui, X. est français/française.**
Or **Non, X. n'est pas français/française.**

1	Jeanne d'Arc ?	6	Victor Hugo ?
2	Gréta Garbo?	7	Madame de Pompadour?
3	Louis XIV ?	8	Charles Aznavour ?
4	Louis Pasteur ?	9	Marlène Dietrich ?
5	Ingmar Bergman	10	L'inspecteur Maigret ?

2

The police are checking up at the local hotel on which town people come from. You have to tell them. (It's shown in brackets.)
M. Solive est de Paris? (Marseille) – Non, **il n'est pas** de Paris, **il est** de Marseille.

1 Mlle Flour est de Versailles? (Versailles)
2 M. Poupon est de Brest? (Dijon)

3 Mme Petit est d'Orange? (Toulouse)
4 Mlle Bresse est de Toulon? (Toulon)
5 M. Jeanson est de Bordeaux? (Lille)
6 Mme Capelle est d'Alençon? (Alençon)
7 M. Rameau est de Nantes? (Lyon)
8 Mlle Gauthier est de Nice? (Orléans)
9 M. Lantier est de Rennes? (Cherbourg)
10 Et vous, vous êtes de Paris? (?)

3

What do they do? The pictures tell you.
architecte, artiste, étudiant, étudiante, infirmière, musicien,
sorcière.

1   Monsieur Fauxpas est diplomate.

2   Mademoiselle Bonsoins . . .

3   Monsieur Pinceau . . .

4   Mademoiselle Bûche . . .

5   Monsieur Béton . . .

6   Madame Charme . . .

7   Monsieur Potasse . . .

8   Monsieur Bémol . . .

4

You are an out of work London philosopher honeymooning in Paris. Your name is Bernard. Answer the questions.
1 Comment vous appelez-vous?
2 Vous êtes de Paris?
3 Ah! vous êtes anglais?
4 Vous êtes marié, célibataire?
5 Vous êtes artiste?
6 Alors, vous n'êtes pas riche?

5

You are an English diplomat from Manchester on leave in Monte Carlo to visit your fiancée. Your name is Martin.
1 Vous êtes français?
2 Ah! Vous êtes de Londres?
3 Et vous êtes en vacances à Monte Carlo?
4 Vous êtes marié?
5 Comment vous appelez-vous?

A propos . . .

Mon Dieu! is, after *Oh! la-la!*, probably the most stereotyped "stage French" expression. Unlike most *clichés* of this kind, however, it really *is* used in everyday speech. It's a mild exclamation, without blasphemous overtones, used to express surprise or concern.

Monsieur est heureux et madame est contente.
Apart from their use as forms of direct address, you will often hear *Monsieur, Madame* and *Mademoiselle* used in cafés, restaurants and shops without *vous*. E.g. *"Et pour madame?"* is just as common as *"Et pour vous, madame?"* The style can also be used ironically.

Le bal

Nowadays *un bal* is usually a special occasion, for charity or the 14th July. But in the last century, *un bal* was also a permanent dance hall. Some became famous through their associations with artists — without Toulouse-Lautrec, how many of us would have heard of *le Bal du Moulin Rouge*? Nowadays, though, the places people go to dance are more likely to be called *le dancing* or *le club*, except in the country, where the village hop will still be called *le bal* or *le bal du samedi soir* (the Saturday night dance) — unless, of course, it's on another day.

6

Opposites attract one another... Compare and contrast!
    Madame Allier est **élégante**. Et monsieur Béthune?
    Monsieur Béthune n'est pas **élégant**.
1 Monsieur Charrier est intelligent. Et madame Dufour?
2 Mademoiselle Espinasse est charmante. Et monsieur Frappier?
3 Monsieur Grappin est amoureux. Et mademoiselle Hennebique?
4 Madame Illiers est contente. Et monsieur Jérôme?
5 Louis XIV est mort. Et madame Martin?
6 Mademoiselle Nana est furieuse. Et monsieur Oscar?
7 Monsieur Pothier est galant. Et madame Quentin?
8 Mademoiselle Rose est heureuse. Et monsieur Séguy?
9 Monsieur Thiers est bruyant. Et madame Valentin?

What's available and where is it?

Il y a	**un . . .** **une . . .**	**par ici ?**

Is there a . . . near here ?

Où	**est**	**le . . . ?** **la . . . ?**
	sont les . . . ?	

Where is/are the . . . ?

In this chapter you will learn how to ask questions about the availability of things: *Il y a une épicerie par ici?/dans le quartier? Vous avez un . . .?*

You will also learn to ask where things are (also where people are): *Où est le/la . . .? Où sont les . . .?*

You will know how to provide answers to these questions: *Il y a . . .? Vous avez . . .?* using simple expressions of place, distance, time to get there.

A street. A suspicious-looking man, Paul, approaches a policeman, l'agent.

Paul	Pardon, monsieur l'agent, il y a une banque par ici ?
L'agent	Oui, monsieur, le Crédit Lyonnais.
Paul	C'est loin ?
L'agent	Mais non, monsieur. C'est tout près.
Paul	Oui ?
L'agent	Oui, c'est là-bas.
Paul	Merci, monsieur l'agent. Au revoir, monsieur l'agent.
L'agent	(*to himself*) Charmant garçon !

Inside the bank.

Paul	(*to clerk*) Où est la caisse, s'il vous plaît? *The clerk points without looking up. The same thing happens with two other clerks. Finally Paul arrives in front of the girl cashier, Pierrette.*
Paul	Pardon, mademoiselle, c'est bien ici la caisse ?
Pierrette	C'est ici. Vous désirez ?
Paul	L'argent. Vous avez l'argent ? (*She hesitates*) Où est l'argent ?
Pierrette	Le voici.

Paul	(*producing gun and bag*) C'est un hold-up! Vite, l'argent, dans le sac!
Pierrette	(*used to this kind of thing*) Bon, bon. Ça va.
	She fills the bag with money and hands it back to him.
Pierrette	Voilà l'argent, monsieur. Ça va?
Paul	(*finding the bag too heavy*) Non, ça ne va pas!
Pierrette	Un moment! (*Removes some money*) Ça va maintenant?
Paul	Ah, oui, ça va mieux. Merci. Où est la sortie, s'il vous plaît?
Pierrette	Par là, monsieur.
Paul	Il y a un arrêt d'autobus par ici?
Pierrette	Oui.
Paul	C'est loin?
Pierrette	Non, c'est tout près. C'est près de la gare.
Paul	(*puzzled*) Près de la gare? Il y a une gare dans le quartier?
Pierrette	Eh bien, oui. (*Points to a map*) Ici c'est la banque. Rue Pasteur.
Paul	(*surprised*) Rue Pasteur? Vous êtes sûre?
Pierrette	Mais oui, je suis sûre.
Paul	Ah bon!
Pierrette	Oui. Ici il y a la place Voltaire, et voilà la gare.
Paul	Mais... et la cathédrale, où est la cathédrale?
Pierrette	Il n'y a pas de cathédrale ici, monsieur.
Paul	Zut alors! Pas de cathédrale! Alors ce n'est pas Chartres!
	Paul leaves without the money.

Expressions

il y a une banque par ici?	*is there a bank near here?*
vous désirez?	*what would you like?*
bon, bon	*all right, all right*
ça va	*all right*
ça va mieux	*that's better*
par là	*over there*
ah bon!	*oh really!*

Explanations

1
Availability

To find out if something is available, use **il y a ...?** or **est-ce qu'il y a ...?** *is there ...?*

Il y a **Est-ce qu'il y a**	un café par ici?

If there *is* one the answer will be:

Oui, **il y a** un café par ici.

If there *isn't* the answer will be:

Non, **il n'y a pas de** café par ici.

Il y a also means "there are."

Il y a deux cafés par ici.

When you want to *obtain* something use **vous avez** . . . ? *have you got* . . . ?

Vous avez	un plan de Dijon, s'il vous plaît?
	l'argent?

Vous avez (*you've got*) is often used as a substitute for **il y a.**
Il y a un garage par ici?
Oui, **vous avez** un garage place Grangier.

2
Locations

To ask where something is, use **où est** . . . ? *where is* . . . ? or
où sont . . . ? *where are* . . . ?

Où est la cathédrale?
Où sont les grands magasins?

In the answer to your question you could be given various kinds of information.

a) what street something is in:
Où sont les grands magasins?

Les grands magasins sont	rue de la Liberté.
	dans la rue de la Liberté.

(with street names *dans* (in) is optional)

b) where it is in relation to something else:
Où est le Musée des Beaux-Arts? – **Dans** le Palais des Ducs. (*in*)
Où est le Palais des Ducs? – **Près de** la place St. Michel. (*near*)
Où est la place St. Michel? – **A côté de** la gare. (*next to*)

c) The general direction:

par ici – *this way; over here*
par là – *that way; over there*
you can ask how far it is by using **loin**

La gare est **loin?** – Non, elle est	**tout près.** (*very near*)
	tout près d'ici. (*very near here*)
	à deux minutes à pied. (*two minutes walk*)

3
Pointing things out.

The words **voici** and **voilà** are used when people are handing things to you or when they are pointing things out; they correspond to *here is/are; there is/are*
For example:

voici/voilà un plan de Dijon.	(*The receptionist is handing it to you.*)
voici le Palais des Ducs.	(*She's pointing to it on the map.*)
voilà le Palais des Ducs.	(*She's pointing at it through the window.*)

For *here it is, there they are* etc., put **le**, **la** or **les** in front of **voici** or **voilà**.

Où est **le** plan ?   — **Le** voici.
Où est **la** cathédrale ?   — **La** voilà.
Où sont **les** grands magasins ? — **Les** voilà.

4
Singular and plural.

The commonest way to show the plural is to add an *s* (which usually isn't pronounced):

un café	deux cafés
un petit café noir	deux petits cafés noirs

Le, la and **l'** all become **les**

le plan		plans
la banque	**les**	banques
l'épicerie		épiceries

(The **s** of **les** is pronounced like z before a vowel)

The form of the verb changes, too:
l'infirmière **est** charmante — **les** infirmière**s** **sont** charmantes.

5
Thanks

When someone thanks you in French (*merci; merci bien; merci beaucoup*) it is normal to say "don't mention it."

Je vous en prie
De rien

1*

Jean Maisonnave went out to get his bearings in Dijon. So he had to ask passers-by for some directions. First of all he wanted to find a supermarket — un supermarché

Jean	Pardon madame, est-ce qu'il y a un supermarché dans le quartier s'il vous plaît ?
Une femme	Ah, non ! Il n'y a pas de supermarché dans le centre de la ville mais à l'extérieur de la ville.
Jean	Alors, est-ce qu'il y a une épicerie par ici ?
Une femme	Ah oui. Vous avez une petite épicerie juste en face.
Jean	Très bien, merci madame.

2

Next he wanted a druggist's — une pharmacie

Jean	Pardon, monsieur, est-ce qu'il y a une pharmacie près d'ici s'il vous plaît ?
Un homme	Oui, il y a une pharmacie avenue Maréchal Foch.
Jean	Ah bon ! (*shows him a map*) C'est où sur le plan, s'il vous plaît ?
Un homme	(*Pointing on the map*) Juste là, à côté de la gare.

Jean	C'est loin d'ici ?
Un homme	Oh! A peu près cinq minutes à pied.
Jean	Ah bon! Merci monsieur.

3*

Now for the department stores — les grands magasins

Jean	Pardon, madame, où sont les grands magasins s'il vous plaît?
Une femme	Les grands magasins sont rue de la Liberté.
Jean	C'est loin d'ici ?
Une femme	Non, non. C'est au centre ville — deux minutes à pied.
Jean	Merci bien, madame.

4*

Meanwhile Annick Magnet was trying to find out more about Dijon in the local Syndicat d'Initiative. *Fortunately she found a very helpful receptionist* — l'hôtesse.

Annick	Bonjour madame.
L'hôtesse	Bonjour madame.
Annick	Vous avez un plan de Dijon s'il vous plaît?
L'hôtesse	Voici un plan de Dijon, madame.
Annick	Merci. Et une carte de la région aussi, s'il vous plaît.
L'hôtesse	Voici la carte de la Bourgogne.
Annick	Oui. Vous avez une liste des hôtels?
L'hôtesse	Pour Dijon ou pour la Bourgogne?
Annick	Les deux s'il vous plaît.
L'hôtesse	Oui, voici.
Annick	Merci. (*opens map*) Sur le plan là, où est le Palais des Ducs s'il vous plaît?
L'hôtesse	Voici le Palais des Ducs, place de la Libération.
Annick	Et le Musée des Beaux-Arts?
L'hôtesse	Le Musée des Beaux-Arts est dans le Palais des Ducs, madame.
Annick	Est-ce qu'il y a un garage dans le centre de la ville s'il vous plaît?
L'hôtesse	Oui madame, vous avez un garage place Grangier, face à la poste.
Annick	Merci. Où sont les grands magasins à Dijon?
L'hôtesse	Dans la rue de la Liberté madame.
Annick	(*Points to map*) C'est juste là?
L'hôtesse	Oui, madame, c'est là.
Annick	Et est-ce qu'il y a un terrain de camping à Dijon?
L'hôtesse	Vous avez un terrain de camping sur la route de Paris, ou bien sur la route de Troyes à trente (30) kilomètres de Dijon.
Annick	Eh bien, merci madame.
L'hôtesse	Je vous en prie madame. Bon séjour à Dijon.
Annick	Merci madame.
L'hôtesse	Au revoir madame.

Expressions	est-ce qu'il y a?	*is there?*
	à l'extérieur de la ville	*outside town*
	à peu près	*roughly*
	c'est loin d'ici?	*is it far from here?*
	deux/cinq minutes à pied	*two/five minutes' walk*
	les deux	*both*
	sur la route de Paris	*on the Paris road*
	ou bien	*or else*
	à 30 kilomètres de Dijon	*30 kilometers from Dijon*
	bon séjour à Dijon	*have a nice stay in Dijon*

Exercises

1

You've just arrived in town and don't know your way around. So you have to ask what's available.

You want to see a film. – **Pardon, il y a un cinéma par ici?**

1 you need to change some travellers' checks . . .
2 you want a bed for the night . . .
3 your car needs to be repaired . . .
4 you want some aspirin . . .
5 you want to pitch your tent . . .
6 you need some groceries . . .
7 you want to go to a supermarket . . .
8 you want to find a department store . . .

2

Tell the visitor what street to go to.

Où est le Grand Hôtel? – Le Grand Hôtel **est** rue de la République.

Il y a un bureau de Poste par ici? – Oui. **Il y a** un bureau de Poste rue Condillac.

1 Où est le garage ?
2 Il y a une épicerie par ici ?
3 Où sont les grands magasins ?
4 Il y a un restaurant par ici ?
5 Où est le musée ?
6 Il y a une pâtisserie par ici ?
7 Il y a un supermarché par ici ?
8 Où sont les cafés ?

Now you're the visitor. What question did you ask to get these answers:

1	.............................?	Oui, il y a un restaurant rue Diderot.
2	.............................?	Oui, il y a une pâtisserie rue Condillac.
3	.............................?	Le musée est place Voltaire.
4	.............................?	Non, ce n'est pas loin.
5	.............................?	Les cafés sont place Voltaire.
6	.............................?	Oui, il y a un supermarché place de la Gare.
7	.............................?	Non, il n'y a pas de pharmacie par ici.

3

We wanted to give you practice in taking part in a "French conversation," and so a number of exercises from now on will be of the type that follows.

The English in brackets gives you the clue as to what *you* have to say to the other person. You do not do a direct translation.

(e.g. if the English says "Ask him his name" you would say in French **"Comment vous appelez-vous?"**). It might help to think of the English "clues" as a third person whispering in your ear and telling you what to say.

You're in front of the station, looking down rue de la République. People keep coming up and asking where things are!

Touriste 1	Excusez-moi, il y a un cinéma par ici ?
Vous	(Yes, tell her which street)
Touriste	C'est loin ?
Vous	(No: two minutes' walk)
Touriste	Merci bien.
Touriste 2	Pardon, il y a un supermarché dans le quartier, s'il vous plaît ?
Vous	(Yes – just opposite – there)
Touriste	Merci bien.
Vous	(You're welcome)
Touriste 3	Excusez-moi, il y a un garage par ici ?
Vous	(Yes, not far)
Touriste	Où est le garage ?
Vous	(Tell him)
Touriste	Merci. Par ici ?
Vous	(No. That way)
Touriste	Merci bien.

4

You're lost . . . so you ask a lady passing by

Vous	(Excuse me madam, is there a druggist's shop near here?)

La femme	Mais oui, rue Diderot, devant la banque.
Vous	(Is it far?)
La femme	Mais non, c'est à cinq minutes à pied.
Vous	(Thank you – that way?)
La femme	Oui, c'est par là.
Vous	(Thanks, goodbye)
La femme	Au revoir.

It's 9 o'clock and you still haven't found a hotel room. So you stop a young girl.

Vous	(Excuse me miss, is there a hotel nearby?)
La fille	Mais oui, vous avez un hôtel rue de la République.
Vous	(Is it far?)
La fille	Non, ce n'est pas loin.
Vous	(Where is the rue de la République?)
La fille	Par là, à deux minutes à pied.
Vous	(Good; thanks; goodbye)
La fille	Au revoir.

You come out of the hotel next morning. . . .

Vous	(Pardon, where's the station please?)
L'homme	Euh . . . place de la Gare!
Vous	(Where's station square? Is it far?)
L'homme	Par là, à cinq minutes à pied.
Vous	(Thanks; goodbye)
L'homme	Je vous en prie.

5
You're standing in the middle of the Place Voltaire. A group of tourists besiege you – fortunately you can see all the places they ask for, so point them out with a wave of the arm.

Où est la banque? – **La** voilà.
1 Où est le bureau de poste?
2 Où sont les cafés?
3 Où sont les grands magasins?
4 Où est la rue Diderot?
5 Où est le cinéma?
6 Où est la cathédrale?
7 Où est la gare?

A propos . . .

Ça va? Ça va! This must be one of the most frequently used expressions in the French language. It can be a question or a statement, and it has a wide range of meanings depending on the context.
Here are a few examples:
Bonjour, ça va? (Hello! All right?)
Ça va, merci. (All right, thanks.)
It can apply to almost anything:
L'hôtel, ça va? (Is the hotel all right?)
Et Paul, ça va? (Is Paul all right?)
Basically, if you say *ça va*, things are all right; if *ça ne va pas*, something is wrong, if *ça va mieux*, things are improving.

le centre ville. You'll see this on road signs indicating the way to the center of towns, even small ones – sometimes you're still looking for the *centre ville* after you've driven straight through it. Another sign you'll see is *toutes directions* which means "all other routes."

la Mairie

La Mairie is the most local seat of local government. There is one in every *commune* (the smallest administrative sub-division), and in big cities, in every *arrondissement*. Depending on the size and wealth of the community, *la mairie* may be an impressive *Hôtel de Ville* (town hall) or it may be the front room of the mayor's house. Two things don't change, though: the tricolor flag hoisted outside on special occasions, and the portrait or bust of Marianne – the spirit of the Republic.

La mairie, Antony (Hauts-de-Seine)

la banque

In the dictionary a bank is *une banque,* but the word *banque* doesn't always figure in the names of French banks. Three of the biggest are called *Le Crédit Lyonnais, Le Crédit Agricole* and *La Société Générale.*

There are other differences, compared with American banks: the main banks are state-owned, and even the lay-out of a typical branch is different. Whereas in this country all your business is transacted at the teller's window, in France you usually see to the paper work with the clerk (*l'employé*) at his window then move to the cash desk (*la caisse*), which is where actual money changes hands. Sometimes this leads to lines, but as most French banks stay open longer than American banks, this is not a matter of life and death. In any case, many large banks have special counters for foreign exchange, *change.*

et les pompiers

For some reason, firemen in France have a special place in people's minds, not simply because of the glamor of fire-fighting and rescue. They are considered, sometimes ironically, the embodiment of civic pride. Oddly enough, the more overblown products of late nineteenth century decorative arts are often labelled as *le style pompier. Maybe* this stems from the unfortunate resemblance between the words *pompier, pompe, pompeux* and *pomposité.* Meanwhile, be kind to *les pompiers* — you may need them some day.

Le Syndicat d'Initiative.

In most towns and virtually all tourist centers you'll find *un Syndicat d'Initiative,* usually near the railway station or, if there are no trains, near the main bus stop or in *la Mairie.* It's basically an official tourist office, so it's the place to go for information. The young girls behind the counter will be able to help and advise if you have a precise problem — if you're looking for a garage that can repair your make of car, or if you've lost your passport. But for the most part *les hôtesses* are there to give out tourist maps and lists of hotels. Sometimes they also sell bus and train tickets, reservations for coach tours and tickets for local concerts etc. It's also quite a useful landmark: if you have to meet someone and don't know the town, you can always suggest *devant le Syndicat d'Initiative.*

Le Palais des Ducs

The dukes referred to are the four Ducs Valois, who ruled Burgundy and Flanders as a separate state from 1363–1477. Naturally their palace was in the capital, Dijon, which became one of the centers of European art and civilization in the 15th century. Nowadays the *Palais des Ducs* houses the tombs of the dukes, a museum and one of the finest art galleries in France — as well as *la mairie.*

quatre 4

Getting what you want

	un une (a . . .)	
Je voudrais (*I'd like*)	**du** **de la** **de l'** **des** (*some . . .*)	s'il vous plaît

In this chapter you will learn how to ask for things
using the statement form: *Je voudrais . . .* and the questions
Vous avez . . .? Avez-vous . . .? Il y a . . .?
You will also learn to use the partitive article, including *de*
after negatives.

A grocer's shop. A young man, Jean, enters and addresses the
proprietress, Andrée.

Jean	(*Reads shopping list*) Excusez-moi, je voudrais du pain, du lait, des bananes, du café et de la bière, s'il vous plaît.
Andrée	J'ai du pain, du lait, du café et de la bière, mais je n'ai pas de bananes.
Jean	Eh bien, tant pis.
	A customer, Valérie, rushes in.
Valérie	Excusez-moi —
Jean	Une minute —
Valérie	(*ignoring him*) Bonjour madame Andrée. Vous avez du lait?
Andrée	Mais oui, un litre?
Valérie	Oui, merci. C'est combien?
Andrée	Un franc.
Valérie	Voilà. (*Pays*) Au revoir messieurs-dames.
Andrée	(*to Jean*) Je suis désolée, monsieur, je n'ai plus de lait.
	Another customer, Hortense, rushes in.
Hortense	Bonjour madame Andrée. Vous avez du pain?
Andrée	Voilà madame. C'est la dernière baguette.
Jean	Mais —
Andrée	(*to Jean*) Une seconde! (*to Hortense*) Un franc.
Hortense	Merci, au revoir! (*to Jean*) Et excusez-moi, monsieur!
Jean	(*with a forced smile*) Je vous en prie.
Andrée	Je suis désolée, monsieur, je n'ai plus de pain.
Jean	Tant pis!
	Another customer, Christine, enters. She's not in a hurry.
Christine	Eh bonjour madame Andrée, ça va?

Andrée	Ça va merci, et vous?
Christine	Ça va bien, merci.
Andrée	Et la famille, ça va?
Christine	Ah, le petit Jacques est malade, et il ...
Jean	Euh, excusez-moi!
Andrée	Une minute! Je parle avec madame.
	Twenty minutes later.
Andrée	(*to Christine*) Voilà madame: le chocolat, le vin, les biscuits. C'est tout?
Christine	Oui, c'est tout. C'est combien?
Andrée	Attendez ... ça fait vingt-cinq francs. (25F)
Christine	Ah, et puis un litre de bière.
Andrée	Vous avez de la chance. C'est la dernière bouteille!
Jean	(*furious*) Ah, non alors! (*He storms out*)
Christine	Ah! Cette génération! Aucune éducation! C'est combien la bière?
Andrée	Un franc, merci!
Christine	Au revoir, madame.

Expressions

tant pis	*too bad*
une minute!	*just a minute!*
c'est combien?	*how much is it?*
je n'ai plus de pain	*I haven't got any more bread*
une seconde!	*just a second!*
je parle avec ...	*I'm talking to ...*
vous avez de la chance!	*you're in luck!*
non alors!	*oh no!*
aucune éducation!	*no manners!*

Explanations

1

You asked for it ...

The simplest way of asking for something in a shop is just to *name* it:

Une baguette, s'il vous plaît.

Or you can ask if they *have* any:

Avez-vous | une baguette, s'il vous plaît?
Vous avez |

Or you can say *you'd like* whatever it is:

Je voudrais une baguette, s'il vous plaît.

2

Some/any

These ideas are expressed by **du**, **de la**, **de l'** (before a vowel) or **des**:

the	some/any
le	**du**
la	**de la**
l'	**de l'**
les	**des**

NB After a negative it's always **de** (or **d'** before a vowel):

Je voudrais Avez-vous . . . ?	**du** fromage **de la** bière **de** l'argent **des** croissants	Je n'ai pas Je n'ai plus	**de** fromage **de** bière **d'**argent **de** croissants

3
ne . . . pas/ne . . . plus not any/not any more
Je **n'**ai **pas** de fromage   *I haven't got any cheese*
Je **n'**ai **plus** de fromage   *I haven't got any more cheese*

4
Quantities
Numbers simply precede the noun:

trois bananes
cinq bouteilles

Other quantities are linked with **de:**

un litre **de** bière
un kilo **de** bananes
une bouteille **de** vin
un peu **de** confiture

5
More about shopping
When you go into the shop, the shopkeeper will probably say:

Que désirez-vous ? | *Can I help you?*
Vous désirez ? | *What would you like?*

In a café it's more likely to be:

Qu'est-ce que vous prenez ?   *What will you have?*

When you're served, he'll probably say:

Et avec ceci?/Et avec ça? | *Anything else?*
Vous désirez autre chose ? |
C'est tout ?   *Is that all?*

You'll want to know the price . . .
C'est combien ?   *How much is it?*
C'est combien, le camembert ?   *How much is the camembert?*
Ça fait combien?   *How much does it come to?*

And as *you* hand over the money and *he* gives the change . . .
Voilà 10 Francs/20 Francs/la monnaie.

6

C'est ça. Use this phrase when you're confirming something:
Une baguette, madame? Oui, **c'est ça!** *That's it, that's right!*

7

Moi, je
moi is used to emphasise **je** – it corresponds to the "stressed I" in English.
Moi, j'ai de la monnaie. *I've got change.*

1*

Before the day's interviewing, Annick decided to do some shopping to get the ingredients for a luncheon. But first things first! So, breakfast in the hotel . . .

La serveuse	Bonjour madame.
Annick	Bonjour madame.
La serveuse	Que désirez-vous?
Annick	Un petit déjeuner, s'il vous plaît.
La serveuse	Café, thé, chocolat?
Annick	Euh . . . un café, s'il vous plaît.
La serveuse	Complet?
Annick	Oui. Vous avez des croissants?
La serveuse	Oui madame.
Annick	Alors, euh . . . des croissants, du pain, du beurre . . . et puis un petit peu de confiture s'il vous plaît.
La serveuse	Oui madame. Café noir, café au lait?
Annick	Un café au lait, s'il vous plaît.
La serveuse	Oui madame.
Annick	Merci.

2

Thus fortified, Annick sets out to buy the basics. What could be more fundamental than bread? The baker's wife – la boulangère *– is behind the counter.*

Annick	Bonjour madame.
La boulangère	Bonjour madame.
Annick	Une baguette, s'il vous plaît.
La boulangère	Oui. Une grande ou une petite, madame?
Annick	Une petite, s'il vous plaît.
La boulangère	Voilà, madame, quatre-vingt cinq centimes (0,85F) madame. Et avec ça?
Annick	C'est tout, merci madame.
La boulangère	Voilà, merci madame.

3

Perhaps one loaf isn't going to be enough? Fortunately there are baker's shops at almost every street corner.

Annick	Bonjour madame.

La boulangère	Bonjour messieurs-dames (*which shows Annick wasn't alone!*)
Annick	Une baguette, s'il vous plaît.
La boulangère	Voilà.
Annick	Euh . . . quatre croissants, s'il vous plaît.
La boulangère	Quatre croissants, voilà.
Annick	Et des brioches.
La boulangère	Je n'ai plus de brioches, madame.
Annick	Bon, c'est tout. Ça fait combien?
La boulangère	Alors, quatre francs quarante-cinq (4,45F) s'il vous plaît.
Annick	Voilà. (*Produces the money*)
La boulangère	Voilà. (*Produces the change*)
Annick	Merci. Au revoir madame.
La boulangère	Au revoir madame. Merci madame.

4*

Fresh French bread is a memorable experience, but not enough for a meal. So next stop is the charcuterie (*delicatessen*) *for some* pâté. *The woman behind the counter is* la charcutière.

Annick	Bonjour madame.
La charcutière	Bonjour madame.
Annick	Avez-vous du pâté de campagne, s'il vous plaît?
La charcutière	Oui madame. Combien en voulez-vous?
Annick	Euh . . . une tranche pour deux personnes, s'il vous plaît.
La charcutière	Comme ceci? (*holding the knife over the pâté*) Ça va?
Annick	Comme ça, très bien, oui.
La charcutière	(*She weighs and wraps it*) Deux francs (2F) madame. Et avec ceci?
Annick	C'est tout. Merci.
La charcutière	Merci madame.

5

And to round off the picnic lunch, some cheese — which you can buy at the grocer's, l'épicerie, *or as Annick did, at a dairy,* la crémerie. *Again madame was serving.*

La crémière	Bonjour madame.
Annick	Bonjour madame. Je voudrais du fromage. Vous avez du comté?
La crémière	Ah oui madame. Combien vous en voulez? Un petit morceau comme ça, c'est suffisant? Un petit peu plus?
Annick	Non, ça va. Ça fait combien?
La crémière	(*weighing it*) Trois francs cinquante (3,50F). Ça va?
Annick	Oui, très bien.
La crémière	Voilà madame. Et avec ceci, madame?
Annick	C'est tout, madame.
La crémière	Alors trois francs cinquante.

Annick	Voilà. (*Produces the money*)
La crémière	Merci. (*Gives change for a 5 franc piece*) Trois cinquante (3,50F), quatre francs (4F), cinq (5F). Voilà madame.
Annick	Merci beaucoup madame. Au revoir madame.
La crémière	Au revoir madame.

6*

No meal is complete without something to drink. So, off to le marchand de vins (the wine merchant). *Madame –* la marchande *– is serving.*

Annick	Bonjour madame.
La marchande	Bonjour madame. Vous désirez, madame?
Annick	Vous avez de l'aligoté, s'il vous plaît?
La marchande	Oui madame. A cinq francs, à sept francs?
Annick	Une bouteille à cinq francs s'il vous plaît.
La marchande	Oui. Voilà madame. Vous désirez autre chose?
Annick	Oui. Je voudrais un vin rouge pour accompagner un rôti de boeuf, s'il vous plaît.
La marchande	Vous avez un Côtes de Nuits à quinze francs ou un Gevrey-Chambertin à vingt-trois francs (23F).
Annick	Oh, je voudrais une bouteille de Côtes de Nuits.
La marchande	Oui. Voilà madame.
Annick	Eh bien, c'est tout. Alors, ça fait combien?
La marchande	Alors, vingt francs, madame.
Annick	Oui (*Hands over 20 francs*) Voilà.
La marchande	Merci madame.
Annick	Au revoir madame.
La marchande	Au revoir madame.

Expressions

que désirez-vous?	*what would you like?*
une grande? une petite?	*a big one? a little one?*
avec ceci/avec ça?	*anything else?*
ça fait combien?	*how much is it?*
combien en voulez-vous? ⎫ combien vous en voulez? ⎭	*how much would you like?*
un petit peu plus	*a little bit more*
pour accompagner un rôti de boeuf	*to go with roast beef*

Exercises

1

You're out shopping. You want each of the things the shop-keeper or waiter offers you, but you have to say how much you want. We've given the appropriate quantities.

Voulez-vous du café? (un kilo) – Oui, je voudrais **un kilo de** café, s'il vous plaît.

1 Voulez-vous du beurre? (un kilo)
2   du pâté? (une tranche)
3   du vin? (une bouteille)
4   du gruyère? (un peu)
5   du champagne? (cinq bouteilles)
6   de la bière? (un litre)
7   de l'aligoté? (un peu)
8   des bananes? (deux kilos)

9	des brioches? (quatre)
10	des croissants? (trois)

2

This time you're in charge of the shop. A customer comes in. The shop's stock is rather run down, so whatever she asks for, you haven't got it . . .

Je voudrais **du** café. – Désolé, je n'ai pas **de** café.

1	Je voudrais	des sardines.
2		de la confiture.
3		du champagne.
4		de la bière.
5		des croissants.
6		des brioches.
7		de l'aligoté.
8		des bananes.
9		du vin ordinaire.
10		des cuisses de grenouilles.

3

A l'hôtel. You order breakfast for yourself and your companion.

La serveuse	Bonjour madame, bonjour monsieur. Vous désirez?
Vous	(One coffee and one tea please)
La serveuse	Café noir?
Vous	(White coffee please. Ask if they have any croissants?)
La serveuse	Désolée, je n'ai plus de croissants.
Vous	(You'd like some bread, some butter and a little jam please)
La serveuse	Alors, deux petits déjeuners complets – un thé, un café crème, c'est bien ça?
Vous	(That's it; thanks)

4

Now you're the customer; you've come to the grocer's to buy some necessities.

L'épicière	Bonjour
Vous	(Greeting)
L'épicière	Vous désirez?
Vous	(You'd like some bananas please)
L'épicière	Comme ça?
Vous	(How much?)
L'épicière	Ça fait trois francs. Ça va?
Vous	(That's fine thanks)
L'épicière	Voilà. Et avec ça?
Vous	(You'd like some butter)
L'épicière	Deux cent cinquante grammes? (250g.)
Vous	(Yes; that's it)
L'épicière	Voilà. C'est tout, madame?
Vous	(Ask if she's got any bread?)

L'épicière	Oui. Une baguette?
Vous	(Yes please. And you'd like a bottle of wine please)
L'épicière	Un beaujolais?
Vous	(How much is the beaujolais?)
L'épicière	Huit francs cinquante (8,50F)
Vous	(All right)
L'épicière	Et avec ça?
Vous	(That's all thanks)
L'épicière	Alors, ça vous fait dix-sept francs, s'il vous plaît. (17F)
Vous	(Here's twenty francs)
L'épicière	. . . et trois francs — vingt (20)! Merci bien.
Vous	(Thanks; goodbye)
L'épicière	Au revoir.

5

Husband and wife are shopping together. The wife does the talking. Can you fill in the blanks, using the sentences in the box?

La marchande	1 ....
La cliente	Bonjour, madame.
La marchande	2 ....
La cliente	Je voudrais des bananes.
La marchande	3 ....
La cliente	Oui. Un kilo.
La marchande	4 ....
La cliente	5 ....
La marchande	Oui madame. Une tranche comme ça?
La cliente	6 ....
La marchande	Voilà madame. C'est tout?
La cliente	7 ....
La marchande	Alors, quatre francs.
La cliente	8 ....
La marchande	Merci madame. Et cinq! Merci beaucoup.
La cliente	9 ....

A:	Voilà cinq francs.
B:	Voilà madame. Et avec ça?
C:	Merci. Au revoir madame.
D:	Oui madame. Un kilo?
E:	Bonjour messieurs-dames.
F:	Que désirez-vous?
G:	Je voudrais aussi du pâté.
H:	Oui, c'est tout.
I:	Oui, ça va.

Une pâtisserie à
Paris

---

si

Si (Yes) is used instead of *oui* to contradict a negative statement or question.

Vous avez de l'argent ?   — Oui, j'ai de l'argent.

Vous n'avez pas d'argent ?   — **Si**, j'ai de l'argent.

la charcuterie

The name *charcuterie* comes from the words for "cooked meats"—not surprising, as it sells food that is ready to eat, or at least, to heat up. You can compose a tasty, satisfying meal from what *la charcutière* has on offer. As well as variations on the theme of ham and sliced sausages, she can produce a whole range of simple and elaborate hors d'oeuvres, ready-prepared salads, and in most shops, at least one cooked main dish each day. Even fresh mayonnaise ready to pour over your cooked lobster !

le pain

In France bread always comes in a multitude of shapes and as many fanciful names. The traditional "French loaf" long and thin, is *une baguette* – which also means a magic wand or a conductor's baton. Still on music, a smaller, thinner version is sometimes called *une flûte*. Fat round loaves of country bread (*pain de campagne*) are sold by weight. The names vary from region to region, even from shop to shop; when you're in France, don't be shy about asking the baker what it's called – *Comment ça s'appelle ?*

le vin

l'alsace

le bourgogne

L'aligoté is a fruity white Burgundy, which takes its name from the type of vine that produces the grapes. *Côtes de Nuits* and *Gevrey-Chambertin* are two of the better-known rich red Burgundies named after the localities in which they are produced. The favorite local aperitif in Burgundy is *le vin blanc cassis* – a mixture of aligoté and blackcurrant syrup (*le cassis*). For a similar refreshing drink ("Kir") try mixing any dry white wine

le bordeaux

with the non-alcoholic blackcurrant juices available in most specialty stores. Incidentally, if you're not sure from the label where a wine comes from, you can often tell by the shape of the bottle itself. For instance Bordeaux wines come in straight-sided bottles with "shoulders." Burgundies in sloping sided bottles and Alsace wine comes in tall, tapered bottles.

Une crémerie . . .

. . . et une charcuterie

la brioche

La boulangerie generally sells other things as well as bread, for example: *la brioche*. This is a very light kind of tea bread, with egg and milk in the dough. Although it's light, it's richer than ordinary bread, and so it used to be associated with high living. Consequently, in 1789, when the starving Paris mob was shouting *Nous n'avons pas de pain!* (or words to that effect), Marie-Antoinette's reaction, *Qu'ils mangent de la brioche!* didn't go down particularly well . . .

et le comté

Comté is a cheese produced in the Franche-Comté, the region around Besançon. It is a hard, mountain cheese, not unlike *le gruyère* or *l'emmenthal*.

complet?

Un petit déjeuner is light by comparison with the traditional British breakfast: basically *du café* and *des croissants* or *des tartines* (*une tartine* is a piece of bread with something on it). A full breakfast — *un petit déjeuner complet*, usually called *un café complet* — will consist of croissants if you're lucky, and bread and butter and jam as well as coffee. Coffee can be black (*café noir*) or white (usually called *café au lait* at breakfast and *café crème* or just *crème* at other times of the day). Some people prefer *du thé* or *du chocolat*, but the normal breakfast drink is still *du café*.

Getting precisely what you want

Je voudrais	un grand pot de moutarde forte au vin blanc
	trois petites tasses de café noir bien fort

In this chapter you will learn how to build upon basic nouns using expressions of quantity, adjectives, prepositional phrases indicating ingredients, flavors and so forth. You will also learn to use *il/elle, ils/elles* for objects, using *etre*.

In a wine shop, Gabriel and the assistant, Michelle.

Gabriel	Bonjour mademoiselle.
Michelle	Bonjour monsieur. Vous désirez?
Gabriel	Avez-vous du vin rouge, du vin blanc et du vin rosé?
Michelle	Bien sûr. (*Points to bottles*)
Gabriel	Je voudrais sept bouteilles de rouge, cinq bouteilles de blanc et neuf bouteilles de rosé. *She gives him the bottles.*
Michelle	Voilà. C'est tout?
Gabriel	Non. Avez-vous du whisky?
Michelle	Oui. Combien de bouteilles?
Gabriel	Huit, s'il vous plaît.
Michelle	C'est tout?
Gabriel	Oui. C'est combien?
Michelle	Cinq cents francs (500F).
Gabriel	Ce n'est pas cher. Vous acceptez les chèques?
Michelle	Bien sûr, monsieur. (*Gabriel pays by check*)

In a clothes shop. Gabriel and the assistant, Jean-Jacques.

Gabriel	Bonjour.
Jean-Jacques	Bonjour monsieur. Vous désirez?
Gabriel	Je voudrais une veste.
Jean-Jacques	Quelle couleur?
Gabriel	Grise ou bleue.
Jean-Jacques	Voilà. (*Produces jackets*)
Gabriel	(*measuring against himself*) La veste grise est trop grande. La veste bleue est trop petite.
Jean-Jacques	Ah! Voilà une veste verte.
Gabriel	(*tries it on*) Eh, pas mal! Maintenant un pantalon.
Jean-Jacques	Quelle couleur?

Gabriel	Gris ou noir.
	Gabriel buys trousers, shirts, ties, underwear, socks and shoes.
Jean-Jacques	C'est tout?
Gabriel	Oui, c'est tout. Vous acceptez les chèques?
Jean-Jacques	Bien sûr. Par ici monsieur. (*Gabriel pays by check*)

Gabriel with his bank manager — le directeur.

Le directeur	Bonjour monsieur Dubois. Alors! Qu'est-ce que c'est? (*Indicates pile of checks*) Des chèques, des chèques, encore des chèques, toujours des chèques! Et vous n'avez pas d'argent?
Gabriel	Je n'ai pas d'argent?
Le directeur	Non! Pas d'argent!
Gabriel	Pas de problème! (*Taking out his check book*) Vous acceptez les chèques, n'est-ce pas?

Expressions

vous acceptez les chèques?	*do you accept checks?*
quelle couleur?	*what color?*
encore des chèques!	*more checks!*
toujours des chèques!	*still more checks!*
pas de problème!	*no problem!*
n'est-ce pas?	*don't you?* (see also section 2 p. 61)

Explanations

1

Saying precisely what you want

	de la moutarde
Je voudrais	du yaourt
	du café

This is the most general way of asking for things. But you may want to give more information:

a) **How much?** Expressions of quantity are linked with **de**
un pot **de** yaourt
un verre **de** vin
un kilo **de** beurre
combien **de** bananes?

b) **What kind?** Add a describing word (adjective):
du café **fort**
de la moutarde **forte**
NB Most adjectives come after the word they describe. But a few of the commonest ones come before: **bon, grand, petit, gros**...
une **petite** bouteille de vin
un **grand** pot de moutarde

c) **What's in it?** Key ingredients, flavors, etc. are linked with **à**.
à combines with **le** to give **au** and with **les** to give **aux**:

la fraise (strawberry) — **à la** fraise (with strawberry)
le fromage (cheese) — **au** fromage (with cheese)

un yaourt **à la** mandarine *a mandarin yoghurt*
des sardines **à la** tomate *sardines in tomato sauce*
des sardines **à l'**huile *sardines in oil*
de la moutarde **au** vin blanc *mustard with white wine*
du café **au** lait *coffee with milk*
une tarte **aux** pommes *an apple tart*

d) **What price?** Again use **à**
un pot de yaourt **à** 1 franc
une tranche de pâté **à** deux francs

Summing up

un yaourt
un yaourt à la fraise
un yaourt à la fraise à un franc
un pot de yaourt à la fraise à un franc
un petit pot de yaourt à la fraise à un franc
quatre petits pots de yaourt à la fraise à un franc

de la moutarde
un verre de moutarde
un grand verre de moutarde
un grand verre de moutarde forte
un grand verre de moutarde forte au vin blanc
un grand verre de moutarde forte au vin blanc à six francs

2
il est, elle est   ils sont, elles sont
Things as well as people have a gender in French. So do the
corresponding words for "it" and "they."
voici un croissant — **il** est petit
voici une banane — **elle** est petite
voici des croissants — **ils** sont petits
voici des bananes — **elles** sont petites

1

Annick has some more shopping to do, so she heads for the grocer's
—l'épicerie

L'épicière	Bonjour madame, Vous désirez, madame?
Annick	Je voudrais des yaourts.
L'épicière	Euh ... fraise, framboise, mandarine ...
Annick	Je voudrais deux pots de yaourt à la mandarine et deux pots à la fraise.
L'épicière	(*serving her*) Voilà madame.
Annick	Merci. Je voudrais du sucre aussi.
L'épicière	Oui. Voilà madame.
Annick	Et puis, je voudrais des sardines, s'il vous plaît.
L'épicière	Sardines à l'huile ou à la tomate?
Annick	A l'huile.
L'épicière	A l'huile.

Annick	De Bretagne.
L'épicière	De Bretagne, oui. La grosse boîte ou la petite ?
Annick	La grosse boîte, s'il vous plaît.
L'épicière	La grosse boîte, oui. Voilà madame. Et avec ça ?
Annick	C'est tout. Ça fait combien ?
L'épicière	(adding up) Vingt-et-un francs soixante-dix, madame. (21,70F)
Annick	Oui. Vingt-et-un soixante-dix. Voilà trente francs (30F).
L'épicière	Merci madame. Voilà la monnaie.
Annick	Merci. Au revoir madame.
L'épicière	Voilà, au revoir madame, merci.

2*

Annick has bought a bottle of Côtes de Nuits to go with a roast —
Je voudrais un vin rouge pour accompagner un rôti de boeuf, s'il vous plaît. But even the tenderest roast is a little dull without mustard, and as Dijon is famous for its mustard, Annick went off to buy some . . .

Annick	Bonjour madame.
La vendeuse	Bonjour madame.
Annick	Je voudrais de la moutarde.
La vendeuse	Bien madame. Quel genre de moutarde? Vous avez de la moutarde forte et de la moutarde douce.
Annick	De la moutarde forte s'il vous plaît.
La vendeuse	Bien. Voici la spécialité de la maison, la moutarde forte au vin blanc.
Annick	Oui ? C'est combien ?
La vendeuse	Vous avez le petit pot, six francs, le moyen, sept francs soixante-quinze (7,75 F), le plus grand neuf francs soixante quinze (9,75F). Mais vous avez la même moutarde en verre. C'est moins cher.
Annick	C'est combien le petit verre ?
La vendeuse	Le petit verre, deux francs quatre-vingt-dix (2,90F) madame.
Annick	Eh bien, je voudrais un petit pot alors.
La vendeuse	Un petit pot à six francs ?
Annick	Oui.
La vendeuse	Bien, madame. (Serves her)
Annick	Voilà. Alors, six francs? (Gives her a ten franc note)
La vendeuse	Merci, madame . . . (Produces change) . . . et dix. (10F)
Annick	Merci.
La vendeuse	Merci beaucoup.
Annick	Au revoir madame.
La vendeuse	Au revoir madame.

3*

The meal is beginning to take shape: sardines, followed by a roast, some of last week's comté cheese . . . and dessert ? What about rum babas? So off to la pâtisserie.

Annick	Bonjour madame.
La pâtissière	Bonjour madame.
Annick	Je voudrais des babas au rhum, s'il vous plaît.
La pâtissière	Ah, je suis désolée, madame. Nous n'avons pas de babas au rhum aujourd'hui.
Annick	Ah ! Pas de babas ! Bon, et vous avez des tartes ?
La pâtissière	Des tartes, oui.
Annick	Tartes aux pommes ?
La pâtissière	Tartes aux pommes. Individuelles ou pour plusieurs personnes ?
Annick	C'est pour quatre personnes.
La pâtissière	Oui. Alors, vous avez une tarte à dix-huit francs (18 F), et (*pointing*) l'autre, un peu plus grande, à vingt-et-un francs (21 F).
Annick	Alors, je prends la petite à dix-huit francs.
La pâtissière	Bien, oui. (*Wraps up the tart*) Voilà votre paquet, madame.
Annick	Merci madame. C'est combien ?
La pâtissière	C'est dix-huit francs, mais vous payez à la caisse, s'il vous plaît.
Annick	Ah bon. Merci beaucoup madame. Au revoir madame.
La pâtissière	Au revoir madame.

4

Shopping can be thirsty business, so Annick and a friend stop at a café for a cup of something.

La serveuse	Bonjour messieurs-dames, qu'est-ce que vous prenez ?
Annick	Un chocolat.
La serveuse	Petit ? Moyen ? Grand ?
Annick	Un petit chocolat.
La serveuse	Et monsieur ?
L'ami	Un crème, s'il vous plaît.
La serveuse	Petit ? Moyen ? Grand ?
L'ami	Un grand crème.
La serveuse	Alors, un petit chocolat et un grand crème, c'est ça ?
Annick	Oui, c'est ça, merci.

Expressions

quel genre de moutarde ?	*what sort of mustard ?*
le plus grand	*the bigger one*
nous n'avons pas	*we don't have*
c'est moins cher	*it's less expensive*
je prends la petite	*I'll take the small one*
vous payez à la caisse	*you pay at the cash-desk*
qu'est-ce que vous prenez ?	*what will you have* (lit. "take")
petit-moyen-grand	*small-medium-large*

Exercises

1

Answer the questions, confirming the idea.

C'est **un** bon fromage ? – Oui, **il** est bon.

1   C'est un acteur comique ?

2 C'est une voiture américaine?
3 C'est une femme élégante?
4 C'est une petite bouteille?
5 C'est un pantalon noir?
   . . . now deny them.
   C'est un café fort? – Non, **il n'**est **pas** fort.
1 C'est une grande boîte?
2 C'est une infirmière dynamique?
3 C'est un monsieur intelligent?
4 C'est un peintre français?
5 C'est un restaurant cher?

2

The description of the first thing fits the second too. Say so when you answer the questions.
La veste est grise. Et le pantalon? – Il est gris aussi.
1 La voiture est grande. Et le garage?
2 Les messieurs sont contents. Et les dames?
3 Le café est fort. Et la moutarde?
4 Les étudiantes sont sérieuses. Et les étudiants?
5 Les babas sont excellents. Et les tartes?
6 Les clients sont contents. Et les clientes?
7 Monsieur Mou est heureux. Et madame Mou?
8 Le vin est excellent. Et la bière?

3

You've just had a windfall, so you want the best, the biggest and the most expensive of everything. Give as much information as possible based on the pictures and start your answer
je voudrais le/la/les . . .

1

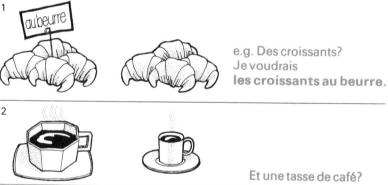

e.g. Des croissants?
Je voudrais
les croissants au beurre.

2

Et une tasse de café?

3

Et une bouteille de vin?

4

  Et un poulet?

5

  Et une tarte?

6

 Et un pot de moutarde?

7

 Et une voiture?

8

  Et une boîte de sardines?

4

Au café. Four of you are in the café. The waiter, **le garçon**, comes up. You do the ordering.

Le garçon	Bonjour messieurs-dames. Qu'est-ce que vous prenez?
Vous	(A large black coffee)
Le garçon	Un grand café, oui.
Vous	(Two small chocolates)
Le garçon	Oui.
Vous	(And a small white coffee)
Le garçon	Alors, un petit crème, deux grands chocolats et un petit café noir. C'est ça?
Vous	(No – two small chocolates and a large black coffee)
Le garçon	Pardon, excusez-moi. C'est tout?
Vous	(Ask if he has any croissants)
Le garçon	Oui, bien sûr. Combien?
Vous	(Four please)
Le garçon	Très bien. Merci.
Vous	(Thank him)

5

A l'épicerie. You're the customer.

L'épicier	Bonjour
Vous	(Greeting)
L'épicier	Vous désirez?
Vous	(A kilo of sugar please)
L'épicier	Voilà. Et avec ça?
Vous	(You'd like some yoghurts)
L'épicier	Fraise? Mandarine?
Vous	(Four pots of mandarin yoghurt please)
L'épicier	Et voilà. C'est tout?
Vous	(You'd like some sardines please)
L'épicier	Sardines à l'huile ou à la tomate?
Vous	(With tomato sauce)
L'épicier	Une boîte?
Vous	(Three tins please)
L'épicier	Voilà. Et avec ça?
Vous	(That's all)
L'épicier	Alors... Quinze francs (15F) s'il vous plaît.
Vous	(Here's 20 francs)
L'épicier	Voici la monnaie. Cinq francs. Merci bien.
Vous	(Thanks; goodbye)
L'épicier	Au revoir.

A propos

Je n'ai pas de DS

Was it a deliberate pun? When Citroën launched their new range of cars in the mid-fifties, it didn't take long for people to realize that the name D S is pronounced like *déesse* (goddess) and I D (a slightly cheaper version) sounds like *idée* (idea).
The association of the cars with the notions of divinity and intelligence was a fortunate one . . .

La nouvelle voiture des Leboeuf

French surnames have no plural form:

Les Goncourt (*The Goncourts*)
Les Thibault (*The Thibaults*)

Non à la société de consommation!

France is particularly rich in political and protest slogans. Two widespread, all-purpose formulae are:

À bas	le fascisme! l'anarchie! les autres!	(*down with . . .*)
Non à	la société de consommation! la bombe atomique!	(*No! to . . .*)

For more positive emotions there's always:

Vive	la France! la liberté! moi!	(*up with / long live . . .*)

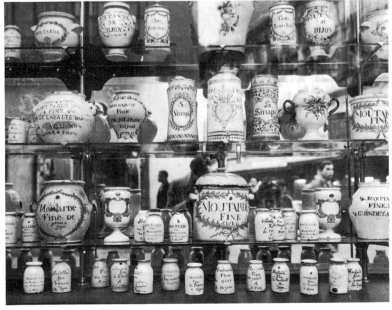

Moutarde de Dijon

la moutarde

Mustard is usually bought ready-made in France. True to the gastronomic tradition, it comes in a wide range of strengths and flavors — made with wine, with various herbs, finely or coarsely ground — but made, above all, in Meaux or in Dijon. It is sold in large glass preserving jars for mustard addicts. It comes in smaller quantities in traditional earthenware pots sealed with corks and sealing wax (*de la moutarde en pot*), or in small glass tumblers, (*de la moutarde en verre*), which is cheaper.

La spécialité de la maison

La maison strictly speaking is a house for living in. But it has a much wider meaning in French. Restaurants, cafés and shops will often refer to themselves as *la maison* — i.e. the establishment, especially in such expressions as *la spécialitè de la maison* — our speciality, or *la maison n'accepte pas les chèques* — we don't accept checks.

It is time to pause and take stock of what you have learned. By the time you reach this point, you should be able to:

a. ask what things are called and who people are.
b. give personal information: say who certain people are, what they do, give their nationality, and say where they come from; in general, to give some of their personal characteristics.
c. find out the same kind of information from others.
d. talk about other people in the same way.
e. attract attention and ask for information: what's available in a town and where it is located.
f. request the goods you would like, describe them in some detail, and ask and understand the price.
g. use the basic forms of greeting, farewell, and thanks.

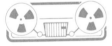

M. Lumière, a passionate photographer, is sightseeing with his wife. He decides to go off on his own for a while.

M. Lumière	Je reviens tout de suite. Je voudrais des photos de la cathédrale. (*Hurries off*)
Mme Lumière	(*trying to stop him*) Mais Henri . . .
M. Lumière	(*to a passer-by* – un passant) Pardon monsieur, où est la cathédrale, s'il vous plaît?
Le passant	Elle est là-bas!
M. Lumière	C'est loin?
Le passant	Non, non, non. C'est tout près.
M. Lumière	Merci bien . . .
	Much later M. Lumière reaches the cathedral, exhausted.
M. Lumière	Tout près! Mais elle est superbe la cathédrale! (*Takes photo*) Splendide! (*Takes photo*) Magnifique! Je suis fatigué mais j'ai des photos!
	Later in the entrance hall of a museum.
M. Lumière	(*to the attendant* – le gardien) Je voudrais un billet, s'il vous plaît.
Le gardien	Voilà.
M. Lumière	C'est combien?
Le gardien	Deux francs. (*M. Lumière hands over a 100 franc note*) Vous n'avez pas de monnaie?
M. Lumière	Non, je n'ai pas de monnaie.
Le gardien	(*put out*) Attendez, je reviens tout de suite. (*Leaves*)
	M. Lumière starts taking photos. The attendant returns,

	furious. Points to notice '"Photos interdites."
Le gardien	Regardez! Pas de photos. Allez! Dehors!
M. Lumière	Mais —
Le gardien	Pas de mais! Dehors!
M. Lumière	(to himself as he leaves) Quel imbécile! Mais j'ai des photos.

On the street M. Lumière sees a beautiful girl, Martine, whom he takes for a film star.

M. Lumière	Mademoiselle! Mademoiselle! Une photo, s'il vous plaît!
Martine	Non!
M. Lumière	S'il vous plaît, mademoiselle.
Martine	Absolument pas!
M. Lumière	Mais si! (He takes a photo)
Martine	Mais non! Mais quel idiot! (She slaps his face and walks off)
M. Lumière	(As she goes he takes another photo) Elle est splendide!

M. Lumière returns to his wife.

M. Lumière	(indicating) Par ici, je voudrais une photo devant le théâtre.
Mme Lumière	Mais...
M. Lumière	Une minute! (He takes photos) Voilà.
Mme Lumière	Mais chéri! Et la pellicule? (Produces film from her bag.)

Expressions

je reviens tout de suite	I'll be back directly
là-bas	over there
vous n'avez pas de monnaie?	haven't you got any change?
photos interdites	no photographs (lit. photos forbidden see p. 71)
allez, dehors!	come on, out!
pas de mais!	no buts!
quel idiot!	what an idiot!
et la pellicule?	what about the film?

Grammar Summary Programs 1–6

1

Verbs

You should now be able to use the following verbs:

être (be)

je suis	I am
vous êtes	you are
il	he
elle } est	she } is
c'	it
ils } sont	they are
elles	

avoir (have)

j'ai	I have
vous avez	you have

vouloir (want)

je voudrais	I'd like
vous voulez	you want

and the all-purpose forms:		remember too:	
il y a	*there is/there are*	je ne sais pas	*I don't know*
voici	*here is/here are*	je m'appelle...	*my name is...*
voilà	*there is/there are*	vous vous appelez..	*your name is...*

2
Questions ... and answers

There are various ways of asking questions, depending on the kind of information you want.

A If you just want the answer "yes" or "no"

a) Intonation: the pitch of the voice rises at the end of the sentence.
Vous avez des croissants?

b) Inversion
Avez-vous des croissants?

c) Add **est-ce que**
Est-ce que vous avez des croissants?

Oui, j'ai des croissants.
Non, je n'ai pas de croissants.

d) Put **n'est-ce pas** at the end of the sentence.
Vous avez des croissants,
n'est-ce pas?

B Asking for more details

names

Comment vous appelez-vous? Je m'appelle Béatrice.

identities
people: qui est-ce? C'est Pierre Cardin.
things: qu'est-ce que c'est? C'est la Tour Eiffel.

description
Il est comment? Il est petit.
Elle est comment? Elle est grande.

location
Où est le musée? Le musée est dans le Palais des Ducs.

Où sont les grands magasins? Les grands magasins sont (dans la) rue de la Liberté.

prices
C'est combien? C'est
Ça fait combien? Ça fait | deux francs.

which?
Quelle couleur | voulez-vous? Je voudrais | la veste verte.
Quel genre de moutarde | | de la moutarde forte.

3

Negatives

Verbs can be made negative by using **ne ... pas** (or **n'... pas** before a vowel):

C'est de Gaulle.	Ce n'est **pas** de Gaulle.
J'ai l'adresse.	Je n'ai **pas** l'adresse.
Je sais.	Je **ne** sais **pas**.

NB Often in conversational French the **ne** isn't pronounced.

You can also use the negative **ne ... plus** which implies that something is *no longer* the case.

De Gaulle **n**'est **plus** président	De Gaulle is no longer the president (*but he was once*)
Je **n**'ai **plus** de vin	I've got no wine left (*but I had some earlier*)

4

Nouns

You can add information to nouns in the following ways:

the/a
The words for "the" and "a" vary according to the gender of the noun they accompany:

masculine	feminine
le vin un vin	la bière une bière

In the plural the word for "the" is always **les**, irrespective of gender:

les vins	les bières

De (*of*) combines with **le**, **la** and **les** as follows:

de + le = **du**	la photo **du** prince
de + la = **de la**	le centre **de la** ville
de + les = **des**	le prix **des** bananes

Note how **à** also combines with **le**, **la** and **les**:

à + le = **au**	de la moutarde **au** vin blanc
à + la = **à la**	un yaourt **à la** fraise
à + les = **aux**	une tarte **aux** pommes

Before words beginning with a vowel sound (a, e, i, o, u and often h) **le** and **la** shorten to **l'**:

l'industrie
la photo de l'acteur
des sardines à l'huile

	Singular		Plural
Masc	Fem	M or F before vowel	Masc/Fem
un	une	un/une	des
le	la	l'	les
du	de la	de l'	des
au	à la	à l'	aux

quantities

One   **un** croissant   **une** baguette
More than one **deux** croissants   **trois** baguette**s**

un kilo		sucre
un litre		bière
un peu	**de**	vin
beaucoup		fromage
pas		babas

Some   **du** sucre
          de la bière
          de l'argent
          des bananes

descriptions
Adjectives *agree* in gender and number with the noun they describe
i.e. if the noun is feminine the adjective is feminine too; if the noun
is plural, so is the adjective:

un homme intelligent
une femme intelligent**e**
deux homme**s** intelligent**s**
deux femme**s** intelligent**es**

Not all adjectives change in the same way as **intelligent**. See
table p. 132.

Normally adjectives come *after* the noun (like **intelligent** above)
but some very common ones come *before*
petit, grand, vieux, bon, mauvais, joli, gros
un **petit** café
une **jolie** fille

Nouns can be linked, often with **de** . . .
une question **d'**histoire
le pâté **de** campagne

. . . but also with **à** and other link words
de la moutarde **à** deux francs
du sucre **en** paquet

This is how you can build up information:
la confiture
de la confiture
un pot de confiture
un grand pot de confiture
un grand pot de confiture à la fraise
un grand pot de confiture à la fraise à 5 francs

le président
le président de la république
le vieux président de la république
le vieux président de la république française

Try your skill

Every sixth chapter there will be a chance for you to test whether you have mastered the main elements of the language introduced so far. Check your answers on p. 138 — you'll also find a page reference for revising anything you re not sure about.

1

Choose one of the three alternatives according to which one fits the context.

1 Qui est-ce? C'est | l'Hôtel Central.
la confiture.
Catherine Deneuve.

2 Monsieur Lécuyer est | architecte.
un architecte.
moi.

3 Vous vous appelez
Vous êtes | de la bière?
Vous avez

4 Comment vous appelez-vous? | Un dentiste.
L'avenue Foch.
Joseph Bertin.

5 Madame Saran est | française.
la Française.
français.

6 Il y a
Je voudrais | un litre de bière, s'il vous plaît.
C'est

7 Qu'est-ce que c'est? | L'infirmière.
Un paquet de café.
Magnifique.

8 Il est
Je m'appelle | Sylvie Legrand.
Elle

| 9 | Anne est comment? | Elle est dans la rue.
Elle est ici.
Elle est grande et élégante. |

| 10 | Qu'est-ce que vous prenez? | La gare de Lyon, s'il vous plaît.
Un grand café noir, s'il vous plaît.
Madame Latrombe, s'il vous plaît. |

| 11 | Il y a
Je sais
Voici | une pharmacie dans le quartier, s'il vous plaît? |

| 12 | Il est
Ça fait
Je suis | combien? |

| 13 | Où est la cathédrale? | Elle est grande.
Avec Madame Latrombe.
Place Voltaire. |

| 14 | Où est à la gare? | Je vous en prie.
Désolé, je n'ai plus de baguettes.
C'est tout droit. |

| 15 | Comment | je m'appelle Pierre.
vous appelez-vous?
avez-vous? |

| 16 | Merci beaucoup. | Je vous en prie.
Qu'est-ce que vous voulez?
Si vous voulez. |

| 17 | Ça fait combien? | Ça va.
Ça fait douze francs.
Ça fait une banane et trois oranges. |

| 18 | Vous êtes d'ici? | Non, je suis de Paris.
Non, je suis dentiste.
Non, je suis timide. |

| 19 | Monsieur et Madame Lebrun | est
sais
sont | français. |

| 20 | Il y a un café près d'ici? | Non, merci.
Oui, dans le lac Kir.
Oui, près de la gare. |

21	Est-ce qu'il est français?	Il est architecte. Oui, bien sûr. C'est Monsieur Dunod.

22	Je voudrais une baguette, s'il vous plaît	Oui, un litre, ça va? Je n'ai plus de pain. Je vous en prie.

23 L'
architecte		riches.
docteur	est	anglaises.
infirmière		anglais.

24 Je voudrais
de
de la	pain, s'il vous plaît.
du

25 Où
sont			suis	
est	la gare? Je ne		voudrais	pas.
a			sais	

26
Je ne sais pas
Je n'ai pas	de croissants.
Je voudrais

27 Avez-vous du yaourt
à la	
à	framboise, s'il vous plaît?
aux	

28 Désolée, je n'ai plus
de	
des	yaourts.
les	

29 Est-ce qu'
c'est	
il y a	un café près d'ici?
vous avez	

30 Ça va?
Là-bas, derrière la cathédrale.
Très bien, merci.
Ensemble.

2

Fill in the blanks with the appropriate words or expressions.

Monsieur et Madame Dumas sont _____. Ils _____ de Dijon. Monsieur Dumas _____ architecte et Madame Dumas est _____, alors _____ sont assez _____. La maison des Dumas est _____, _____ est à l'extérieur _____ ville. _____ une maison moderne avec _____ grand salon, _____ salle-à-manger et quatre _____ chambres. Près de la maison _____ un garage pour deux _____.

Missing elements:

de la	il y a	français	dentiste	un
grandes	voitures	riches	ils	elle
sont	est	c'est	une	grande

3

Madame Dumas est à l'épicerie . . .

Mme Dumas Bonjour _____.

L'épicier Bonjour madame. _____?

Mme Dumas Je voudrais _____ bière, s'il vous plaît.

L'épicier Un litre _____ bière, ça va?

Mme Dumas Très bien, merci. _____ des bananes?

L'épicier Voici un kilo de bananes. Et avec ça?

Mme Dumas _____ aussi _____ sardines.

L'épicier Désolé, madame, _____ de sardines.

Mme Dumas Tant pis. Oh, je voudrais _____.

L'épicier J'ai _____ moutarde forte ou de la moutarde _____.

Mme Dumas _____ de moutarde forte, alors.

L'épicier Voilà madame. C'est tout?

Mme Dumas _____, merci. Ça fait _____?

L'épicier Quatorze francs, s'il _____ .

Mme Dumas _____ cent francs.

L'épicier Vous avez de la monnaie?

Mme Dumas _____, je n'ai pas _____ monnaie. Ah _____! Voici vingt francs.

L'épicier Ça va mieux! Voici six francs. _____ Au revoir.

Mme Dumas _____, monsieur.

Missing elements:

Vous désirez	si	de la moutarde
Oui. C'est tout	des	monsieur
Désolée	Au revoir	combien
de la	je n'ai plus	de
Je voudrais	de	de la
vous plaît	Voilà	Un petit pot
Merci madame	douce	Avez-vous

Un fruitier parisien

1*

On her way back from an interview Annick's eye was caught by an attractive display of fruit in a shop window. What about a fruit salad?

Annick	Bonjour madame.
La fruitière	Bonjour madame. Vous désirez, madame?
Annick	Pour faire une bonne salade de fruits, qu'est-ce que vous avez, s'il vous plaît?
La fruitière	J'ai des oranges, des pommes, des poires, pamplemousses et bananes.
Annick	Oui? Eh bien, je voudrais des oranges. Une livre d'oranges.
La fruitière	Une livre d'oranges. (*Serving her*) Voilà madame. Et avec ça?
Annick	Eh bien, des pommes, s'il vous plaît.
La fruitière	Combien madame?
Annick	Une livre à peu près. (*She is shown the apples*) Oui, comme ça.
La fruitière	Trois pommes, madame. Quelques poires?
Annick	Oui. Une petite livre. Oui, comme ça.
La fruitière	Voilà madame. Un pamplemousse?
Annick	Oui, s'il vous plaît. Un seul.
La fruitière	Comme ça?
Annick	Oui, ça va.
La fruitière	C'est tout, madame?
Annick	Non, je voudrais des bananes aussi. Trois bananes s'il vous plaît.
La fruitière	Trois bananes mûres?
Annick	Pas trop mûres. Oui, comme ça. Elles sont bien.
La fruitière	Voilà madame.
Annick	Eh bien, c'est tout. Ça fait combien?
La fruitière	Sept francs quatre-vingts madame (7,80F).
Annick	Oui. Voilà dix francs (10 F).
La fruitière	Je vous remercie (*Gives change*) 8,50, 9 et 10.
Annick	Merci madame.
La fruitière	Je vous remercie madame.

Annick	Au revoir madame.
La fruitière	Au revoir madame, merci.

2

Jean Maisonnave wanted to find out more about Dijon. So he went off to the Town Hall to talk to the press officer, Mme Delarue

Jean	Mme Delarue, vous êtes attachée de presse à la mairie de Dijon. Qu'est-ce qu'il y a d'intéressant à Dijon pour le visiteur?
Mme Delarue	Euh, Dijon est une très belle ville. Il y a de nombreux monuments anciens, par exemple, le Palais des Ducs. Il y a aussi des églises, euh, des rues médiévales.
Jean	Il y a une maison de la culture?
Mme Delarue	Il n'y a pas de maison de la culture, mais il y a plusieurs maisons des jeunes.
Jean	Et est-ce qu'il y a un théâtre?
Mme Delarue	Mais oui, il y a un théâtre et plusieurs salles de spectacles.
Jean	Et pour les sports?
Mme Delarue	Pour les sports vous avez un parc municipal des sports pour le rugby, le football, le handball et cetera. Vous avez également à Dijon un grand lac pour la voile et la natation.
Jean	Est-ce qu'il y a une piscine?
Mme Delarue	Il y a trois piscines à Dijon.
Jean	En somme, Dijon est une ville intéressante?
Mme Delarue	Euh, oui, Dijon est une ville très intéressante et très agréable.

3

Meanwhile Annick was finding out about Dijon from another high-ranking city official, M. Perrault

M. Perrault	Dijon est la capitale de la Bourgogne. Donc c'est une ville gastronomique. Mais c'est aussi une ville historique avec un musée très important. Il y a une université, et surtout c'est une des villes les plus vertes de France avec beaucoup de jardins, de squares et de parcs.
Annick	Qu'est-ce qu'il y a comme industries à Dijon?
M. Perrault	Surtout des industries alimentaires, par exemple la moutarde, le cassis, le pain d'épice, mais Dijon est surtout un centre de commerce et de services.
Annick	Oui. Il y a une maison de la culture à Dijon?
M. Perrault	Non. Mais il y a beaucoup de maisons des jeunes et de la culture.
Annick	Et est-ce qu'il y a beaucoup de choses à voir pour les touristes à Dijon?
M. Perrault	Ah oui, beaucoup. Des monuments, des églises, des vieux quartiers, des vieilles rues, et cetera.

Annick	Est-ce qu'il y a beaucoup de possibilités pour le sport et les loisirs?
M. Perrault	Oui: le football, le rugby, le handball, le golf, et même la natation et la voile sur le lac Kir à deux kilomètres de Dijon.

une livre à peu près	*about a pound* (see note below)
une petite livre	*just under a pound*
un seul	*just one*
je vous remercie	*thank you*
elles sont bien	*they're nice*
qu'est-ce qu'il y a d'intéressant?	*what is there of interest?*
une des villes les plus vertes de France	*one of the greenest towns in France (see note p. 71)*
qu'est-ce qu'il y a commé industries?	*what is there in the way of industry?*
des industries alimentaires	*food industries*
beaucoup de choses à voir	*a lot of things to see*

A propos . . .

une livre d'oranges

Un kilogramme, or *un kilo* (1,000 grams) is just over two pounds. But despite almost two centuries of metric weights and measures, some vestiges of the old system linger on. Even though in markets and shops you do hear people asking for half a kilo of something, (*un demi-kilo* or *cinq cents grammes*), often they will ask for *une livre* — a pound.

le musée

French museums and art galleries charge an entrance fee, though there is no charge on Sundays. Don't schedule a visit to a state museum on a Tuesday — it's closing day.

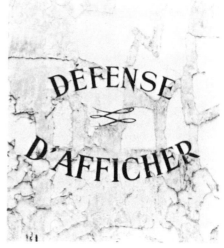

Don't!

On notices, the key words for telling you what you *mustn't* do are *interdit* and *défense*.

Stationnement interdit (no parking)
Photos interdites (no photos)
Pelouse interdite (keep off the grass)
Défense de fumer (no smoking)
Défense d'afficher (stick no bills)
Défense d'entrer (no entry)

vive le sport!

You can see from the very word *le sport* that a lot of sporting terminology has been taken from English – to such a point that efforts are now being made officially to invent French replacements. However alongside *le football, le rugby, le tennis, le golf* etc. there are some purely French terms like *la voile* (sailing) and *la natation* (swimming).
Occasionally strange terms occur: a rugby player is called *un rugbyman*, and a male tennis player *un tennisman*.

Dijon, ville verte

In France, towns generally have fewer parks and gardens than in the U.S., and so the few green areas that do exist are usually highly prized. Consequently, whereas Americans take grass for granted, in French parks it is strictly for looking at. Could it be because of the value attached to French grass that where American town planners tend to talk of "open spaces" and assume grass, their French counterparts refer to *espaces verts?* *Espaces verts* come in all sizes, from *le square,* like a U.S. town square, to the more imposing *jardin public* and *parc.*

le lac Kir

le lac Kir is an artificial lake just outside Dijon; it is named after the remarkable Canon Kir, whose long reign as mayor of Dijon was marked by a series of spectacular public works designed to make the town a better place to live in. At a more mundane level, the drink *un vin blanc cassis* (see p. 46), reputedly a favorite with the Canon, has become affectionately known as *un kir.*

la maison de la culture

Over the last ten years or so, several large French towns have acquired prestigious, well-equipped cultural centers, financed jointly from local and state sources. *Une maison de la culture* usually includes a large theater/concert hall, smaller halls, exhibition galleries, reading rooms and, of course, bars and restaurants. It must not be confused with *les Maisons des jeunes et de la culture* (MJC), which are far more numerous, and are roughly what we know as youth clubs.

Maison de la
Culture, Amiens

sept 7

Saying what you'd like to do

Je voudrais	téléphoner	*I'd like to telephone*
Voulez-vous	danser?	*Would you like to dance?*

In this chapter you will learn the use of *vouloir* with nouns and infinitives to state wishes. You will also learn how to use possessives: *mon, ma, mes, votre, vos.*

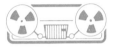

Vincent, a painter, in his studio. Delphine, an aspiring model, knocks at the door.

Delphine	Bonjour . . . Je voudrais parler à monsieur Lacroûte.
Vincent	C'est moi. Qu'est-ce que vous voulez?
Delphine	*(shyly)* Vous voulez bien un modèle? *(She shows him a newspaper cutting which says "Artiste cherche modèle")*
Vincent	Ah oui! Vous êtes modèle?
Delphine	Oui . . . enfin . . . non . . . c'est la première fois.
Vincent	Bon. Entrez.
	In the studio.
Vincent	Comment vous appelez-vous?
Delphine	Je m'appelle Delphine.
Vincent	Eh bien Delphine, voulez-vous enlever vos vêtements?
Delphine	Est-ce que c'est nécessaire?
Vincent	Ce n'est pas nécessaire, c'est indispensable!
Delphine	Tout?
Vincent	Tout! *(She goes behind a screen and starts to undress).*
Delphine	Excusez-moi, monsieur. C'est combien la séance?
Vincent	C'est vingt francs. Ça va?
Delphine	Oui. *(She emerges in her underwear.)*
Vincent	C'est tout?
Delphine	Pour vingt francs c'est tout. Brrr! J'ai froid.
Vincent	Ah bon! Par ici.
	He places her in an awkward modelling position. During a long period of agony Vincent repeatedly refuses her requests.
Delphine	Je voudrais fumer une cigarette, c'est possible?
Vincent	Mais non!
	Five minutes later.
Delphine	Oh j'ai faim. Je voudrais manger quelque chose.
Vincent	Impossible!
	Ten minutes later.

Delphine	Oh, j'ai soif. Je voudrais boire quelque chose.
Vincent	Pas encore. Ce n'est pas fini.
	An hour later, when the painting is finished, Delphine collects her twenty francs and asks to see the masterpiece.
Delphine	Je voudrais voir.
Vincent	Si vous voulez.
	It isn't quite what she expected.

Expressions

vous voulez bien un modèle?	*you do want a model, don't you?*
c'est la première fois	*it's the first time*
entrez	*come in*
j'ai froid	*I'm cold*
j'ai faim	*I'm hungry*
j'ai soif	*I'm thirsty*

Explanations

1

Je voudrais I'd like . . .

Voulez-vous . . . ? Would you like . . . ?/Will you . . . ?

Je voudrais is used to ask for *things* you would like (Chapters 4 and 5). You also use it to say what you'd like *to do.*

Je voudrais	aller à Paris	*to go to Paris*
	parler à M. Legrand	*to speak to M. Legrand*
	téléphoner à Besançon	*to telephone Besançon*

Voulez-vous is a polite way of asking someone if they'd like to do, or if they'd mind doing, something or other.

Voulez-vous	laisser un message?	*to leave a message*
	attendre un instant?	*to wait a moment*
	danser?	*to dance*
	être ma femme?	*to be my wife*

2
My/your

The words for "my" are **mon, ma** and **mes**, and "your" is **votre** or **vos**. Like other adjectives they agree with the noun they accompany.

THE	MY	YOUR
le l'	mon	votre
la	ma	
les	mes	vos

le mon votre	porte-monnaie	l' mon votre	argent (M) orange (F)
la ma votre	voiture	les mes vos	croissants (M) baguettes (F)

3
Moi

Moi means "me"
a) After prepositions:
Voulez-vous sortir avec **moi** ?

b) After c'est:
Qui est-ce ? C'est **moi**.
It is also used for emphasis. (See note 7 p.41)

4
J'ai faim

For the basics of existence — hunger and thirst, heat and cold,
French uses **avoir** where English has *be*.

j'ai faim: I'm hungry
vous avez soif: you're thirsty
il a chaud: he's hot
elle a froid: she's cold

5
Making contact

If you want to see someone in a hotel or an office, you'll probably
begin at reception, where you'll see **l'hôtesse** or **la
réceptionniste**.

She'll ask who you are:
C'est de la part de qui ?

and if you have an appointment:
Avez-vous un rendez-vous ?

If there's any delay she'll ask you to wait:
Un instant, s'il vous plaît.
Voulez-vous attendre ?
Voulez-vous patienter ? etc.

If the person isn't there she may ask you to leave a message:
Voulez-vous laisser un message ?

If you're getting in touch by telephone you'll probably hear all
these expressions, plus
Ne quittez pas (hold the line)

and if you're unlucky you may hear — or you may want to say —

	parler plus fort ? (speak louder)
Voulez-vous	**parler plus lentement ?** (speak more slowly)
	répéter ? (repeat that)

1

Annick Magnet has gone to meet Jean Maisonnave at his hotel. In fact they'd only met once, so it's not surprising Annick got his name slightly wrong . . .

Annick	Bonjour madame. J'ai rendez-vous avec monsieur Maisonneuve. Est-ce qu'il est là, s'il vous plaît ?
La réceptionniste	Oui madame. C'est de la part de qui, s'il vous plaît ?
Annick	Madame Magnet.
La réceptionniste	Madame Magnet, oui. Un petit instant. (*She phones his room*) Oui, Monsieur Maisonneuve ? Madame Magnet est à la réception. Oui, entendu monsieur. (*to Annick*) Oui, Monsieur Maisonneuve arrive tout de suite. Vous voulez l'attendre au bar ?
Annick	Oui. Merci beaucoup.

2*

Annick has a nine o'clock appointment at the town hall with the attachée de presse, Madame Delarue. First she called at reception.

Annick	Bonjour madame.
L'hôtesse	Bonjour madame.
Annick	Je voudrais voir Madame Delarue, s'il vous plaît.
L'hôtesse	Oui madame. Avez-vous un rendez-vous, madame ?
Annick	Oui. J'ai rendez-vous à neuf heures.
L'hôtesse	C'est de la part de qui, madame ?
Annick	De la part de Madame Magnet.
L'hôtesse	Voulez-vous attendre un petit instant s'il vous plaît?
Annick	Oui.
L'hôtesse	(*She rings up Madame Delarue*) Allô, Madame Delarue? Oui. Madame Magnet est là. Oui, merci madame. (*She hangs up*) Voulez-vous monter, madame ? Le bureau de Madame Delarue est au troisième étage. L'ascenseur est juste à votre droite.
Annick	Merci beaucoup, madame.
L'hôtesse	Je vous en prie, madame.

3*

Later on she wanted to see Monsieur Legrand. As it turned out, he wasn't in . . .

L'hôtesse	Bonjour madame.
Annick	Bonjour mademoiselle. Je voudrais parler à Monsieur Legrand s'il vous plaît.
L'hôtesse	Oui madame. C'est de la part de qui?
Annick	De la part de Madame Magnet.
L'hôtesse	Voulez-vous patienter un instant? (*Dials M.*

	Legrand's office) Allô? Bonjour mademoiselle. Est-ce que Monsieur Legrand est là, s'il vous plaît? Merci mademoiselle. *(She hangs up)* Monsieur Legrand n'est pas là, madame. Voulez-vous laisser un message?
Annick	Oui s'il vous plaît.

4

Jean had a couple of long-distance telephone calls to put through – first to Besançon.

Jean	Bonjour madame.
La téléphoniste	Bonjour monsieur.
Jean	Je voudrais téléphoner à Besançon, s'il vous plaît.
La téléphoniste	Ah oui, quel numéro, s'il vous plaît?
Jean	Le soixante-quatre, zéro six, vingt-deux. (64.06.22)
La téléphoniste	Merci. Alors, le soixante-quatre, zéro six, vingt-deux, n'est-ce pas?
Jean	C'est ça.
La téléphoniste	*(dials)* Ah, je m'excuse monsieur, votre numéro est occupé.
Jean	Oh, j'attends.

5*

But he had more luck with his call to Paris ...

Jean	Bonjour madame.
La téléphoniste	Bonjour monsieur.
Jean	Je voudrais téléphoner à Paris, s'il vous plaît.
La téléphoniste	Ah oui, monsieur. C'est quel numéro, s'il vous plaît?
Jean	Six cent trente-trois, quinze, trente-huit. (633.15.38)
La téléphoniste	Six cent trente-trois, quinze, trente-huit, n'est-ce pas?
Jean	Oui.
La téléphoniste	Vous voulez patienter s'il vous plaît? *(dials)* Allô? Paris? Ne quittez pas, s'il vous plaît, on vous parle. Cabine deux, monsieur, s'il vous plaît.
Jean	Merci bien.

Expressions

est-ce qu'il est là?	*is he in?*
c'est de la part de qui?	*what name is it?* (see notes p.75)
entendu	*certainly* (lit. *"understood"*)
un petit instant	*one moment please*
vous voulez l'attendre au bar?	*will you wait for him in the bar?*
j'ai rendez-vous à neuf heures	*I've an appointment at nine*
au troisième étage	*on the third floor*
voulez-vous patienter?	*do you mind waiting?*
j'attends	*I'll wait*
ne quittez pas ... on vous parle	*hold the line ... there's a call for you.*

1

You're day-dreaming. An acquaintance can't quite believe you, so tell her you *would* like to do all these things.

Vous voulez quitter le village? Oui, **je voudrais** quitter le village.
1 Vous voulez aller à Dijon?
2 Vous voulez marcher dans les vieilles rues?
3 Vous voulez visiter le Musée des Beaux-Arts?
4 Vous voulez voir le Palais des Ducs?
5 Vous voulez acheter de la moutarde?
6 Vous voulez boire du vin de Bourgogne?
7 Vous voulez bien manger?

2

Now it's Mme Latrombe's turn to day-dream. You're so amazed you repeat what she says . . .

Je voudrais partir! – Comment, **vous voulez** partir?
1 Je voudrais aller à Paris.
2 Je voudrais acheter une robe de Dior.
3 Je voudrais marcher sur les quais de la Seine.
4 Je voudrais visiter les musées.
5 Je voudrais voir les magasins.
6 Je voudrais monter au Sacré Coeur.
7 Je voudrais parler au président.
8 Je voudrais manger au restaurant.
9 Je voudrais danser avec Sacha Distel.
10 Je voudrais être Jean-Paul Sartre.

3

You're off on a trip. You're notoriously absent-minded, so a kind friend is checking you haven't forgotten anything. Answer the questions . . .

Vous avez un porte-monnaie? – Oui, voici mon porte-monnaie.
1 Vous avez une carte d'identité?
2 Vous avez des chaussettes?
3 Vous avez un pantalon?
4 Vous avez une veste?
5 Vous avez de l'argent?
6 Vous avez un passeport?
7 Vous avez des cigarettes?
8 Vous avez un sac?
9 Vous avez un plan?
10 Vous avez une pellicule?

4

You're Mme Doubs, a high-powered business woman and you've just arrived for the day's first appointment. You're at the reception desk.

L'hôtesse Bonjour, vous désirez?
Vous   (say you've an appointment with Mme Labiche)

L'hôtesse	Madame Labiche . . . C'est de la part de qui?
Vous	(say who you are)
L'hôtesse	Voulez-vous patienter un instant?
Vous	(yes, of course)
L'hôtesse	(*on phone*) Allô? Madame Labiche? Mme Doubs est à la réception . . . Oui, merci madame. (*to you*) Voulez-vous monter?
Vous	(yes thank you. Where is the office please?)
L'hôtesse	C'est au troisième étage.
Vous	(recap to make sure. Is there a lift?)
L'hôtesse	Oui. Vous avez l'ascenseur là, en face.
Vous	(thanks, goodbye)
L'hôtesse	Je vous en prie.

5

Now for your next appointment.

L'hôtesse	Bonjour madame, vous désirez?
Vous	(you want to speak to Monsieur Papeau please)
L'hôtesse	C'est de la part de qui, s'il vous plaît?
Vous	(say who you are)
L'hôtesse	Vous avez un rendez-vous?
Vous	(yes, for nine o'clock)
L'hôtesse	Un instant, s'il vous plaît. (*phones*) Allô? Est-ce que Monsieur Papeau est là? Monsieur Papeau? Madame Doubs est à la réception. Merci monsieur. (*to you*) Monsieur Papeau arrive tout de suite. Voulez-vous attendre?
Vous	(of course, thanks)
L'hôtesse	Je vous en prie.

6

This time you're less lucky . . .

L'hôtesse	Bonjour, vous désirez?
Vous	(you'd like to see Mlle Désirée please)
L'hôtesse	C'est de la part de qui?
Vous	(tell her your name)
L'hôtesse	Un petit instant. (*phones*) Allô? Est-ce que Mlle Désirée est là? Bon. Merci. (*to you*) Je suis désolée. Mlle Désirée n'est pas là.
Vous	(you'd like to leave a message please)
L'hôtesse	Mais bien sûr. (*you write it out*)
Vous	(thanks — hand her the message)
L'hôtesse	Merci bien. Au revoir.
Vous	(goodbye).

Artiste cherche modèle

A propos . . . When every word costs money, as in telegrams or in small advertisements, the message is pared down to the minimum. Strictly speaking the correct form would have been *Un artiste* *cherche un modèle*, but that would have cost 40% more. (Even the word *artiste* was only kept to show what sort of model was required.) When it's obvious what sort of customer is advertising, you don't specify; for instance, if you were looking for a three-room apartment in the Latin Quarter, you'd put in something like: *Cherche appartement trois pièces quartier latin* – in full, *une personne cherche un appartement de trois pièces dans le quartier latin.* You'll find a more fanciful example on p. 50.

Metric?

In spite of the metric system eggs, oysters and snails are still sold by the dozen – *une douzaine* (often shortened to *la douz.* on price labels), or the half dozen – *une demi-douzaine. Une dizaine, une vingtaine* and *une centaine* mean *approximately* 10, 20 and 100 respectively.

Une douzaine d'huîtres . . . ?

On the telephone

You can make local calls from public booths (though there are far fewer in France than in the U.S.) and from most cafés, but you may have to use a special token—*un jeton*—which you buy in tobacconists, metro stations or post offices for public telephones or at the cash desk for café telephones. Some public phones take coins. You find out by trial and error. While most long-distance and international calls can be dialed direct from private telephones, outside it's usually best to go to the post office. At a special desk you will find a telephonist who notes down the number and dials and when the other end answers, tells you which booth (*la cabin*) to go to. You pay when the call is finished.

Telephone numbers

In Paris there are seven-digit numbers, split up 435.43.00. You
treat each group as if it were a separate whole number and not a
series of single figures — and 0 is *zéro*. In other cities numbers are
six digits, 85.45.80. If it is a smaller exchange, e.g. Auzeilles 24, ask
for "le vingt-quatre à Auzeilles" (and be ready to say which
département Auzeilles is in). If you are worried by numbers, there's
a simple solution: write the number down and hand it to the
operator with a smile.

... au troisième étage

Press the button marked 3 in a French elevator and you will
end up on the third floor. Press the button marked RC and
you will come back to the ground floor—*le rez-de-chaussée.*
SS stands for *le sous-sol*—the basement. In a really big building
there are often two or three basements, numbered like the
upper storys. Often there is a mezzaine between
le rez-de-chaussée and *le premier étage:* this is *l'entresol.*

la séance

La séance isn't restricted to fortune-telling or psychic research, as
it is in English. *Une séance* is really any sort of sitting: a model for
an artist, a committee, even a physiotherapy session. It is also the
word for a showing in a cinema.

huit 8
Getting directions and going places

Pour aller	à Paris à la gare au château	s'il vous plaît ?

In this chapter you will learn how to ask how to get to certain places, using the word *pour* and the infinitive. You will begin to understand and, in time, to use a wider range of prepositions and prepositional phrases indicating place. You will also use the *vous* form of a small number of verbs dealing with finding the way to certain locations.

How do I get to . . . ?

A field near Domrémy. Jeanne d'Arc is praying. She hears the voice of God — la voix de Dieu.

La voix de Dieu	Jeanne, Jeanne, vous allez arrêter l'invasion anglaise.
Jeanne	Oui, mais où sont les Anglais ? Où sont-ils ?
La voix de Dieu	Ils sont à Reims.
Jeanne	(*uncertain*) Et pour aller à Reims ?
La voix de Dieu	Vous allez à Domrémy et vous continuez tout droit. C'est simple.

At Reims. Jeanne is now in full armor. She stops a soldier — un soldat.

Jeanne	Je voudrais trouver les Anglais.
Le soldat	Mais ils ne sont pas là. Ils sont à Chinon.
Jeanne	Et pour aller à Chinon ?
Le soldat	Vous prenez la première à gauche et vous continuez tout droit. C'est très simple.

Jeanne looks hopelessly lost. A sign says "Marseille — 12km."
She approaches a woman in eighteenth-century dress.

Jeanne	Pardon madame, pour aller à Chinon, s'il vous plaît ?
La femme	(*casually*) Vous traversez le pont, vous prenez la première route à droite, et c'est toujours tout droit. C'est très, très simple.
Jeanne	Merci beaucoup, madame.

By a sign "Chinon — Centre-ville" Jeanne approaches a man in modern dress.

Jeanne	Pour aller au château, s'il vous plaît ?

L'homme	Vous êtes en voiture?
Jeanne	Non, à pied.
L'homme	Alors au tea-room vous prenez la rue à gauche. A un kilomètre il y a un pub, à deux kilomètres un snack-bar. Le château est en face du snack-bar. Il y a un très grand parking. C'est très, très simple.
Jeanne	(*confused*) Tea-room? Pub? Snack-bar? Parking? Merci monsieur. (*She sets off.*)

Jeanne arrives at last in front of the château. She is jostled by a party of English tourists.

Jeanne	Mon Dieu! J'arrive trop tard. Les Anglais sont partout.

Expressions

vous allez arrêter l'invasion anglaise	*you are to go and stop the English invasion*
tout droit	*straight ahead*
à un kilomètre	*a kilometer further on*

Explanations

1
Pour aller à la gare

Remember that **à** (*to* or *at*) combines with **le** and **les** as follows:
à + **le** = **au: au** théâtre
à + **les** = **aux: aux** feux rouges

If you ask **Où est la gare?** you'll normally be told where it is.
If you want *directions for getting there* the structure to use is:

Pour aller	à Paris à la gare au théâtre aux magasins	**s'il vous plaît?**

How do I get to	Paris the station the theatre the shops	please?

The instructions will be directed at *you*, so you'll hear verbs like:

vous allez – *you go*
vous continuez – *you carry on*
vous traversez – *you cross*
vous prenez – *you take*
vous tournez – *you turn*

Sometimes when people are giving directions they leave out the **vous**, and just say **allez, tournez** ... etc. (*go, turn, etc.*)

2

The answers

a) *the general direction:*
tout droit — *straight ahead*
à droite — *to the right*
à gauche — *to the left*

b) *choose the right street:*

la première		*1st*	
la deuxième	à droite/à gauche	*2nd*	*right/left*
(or **la seconde**)			
la troisième		*3rd*	

c) *landmarks on the way*

aux feux rouges		*at the traffic lights*	
à la place Darcy	vous tournez ...	*at place Darcy*	*you turn ..*
au café		*at the café*	

d) *how far?*

à	**500 mètres**	*500 meters*	*away*
	trois kilomètres	*3 kilometers*	

e) *how long does it take?*
à dix minutes à pied   *ten minutes on foot*
à vingt minutes en voiture   *twenty minutes by car*

3

Quel ...! What a ...!

quel imbécile!	*what an idiot!*
quelle bonne idée!	*what a good idea!*
quels beaux lapins!	*what fine rabbits!*

4

Just where?

To describe the exact position of something you can use words which tell you where it is in relation to something else — **dans** (in) **sur** (on) ... etc:

La bouteille est **sur** la table
Le vin n'est plus **dans** la bouteille
L'homme est **sous** la table

A number of other expressions use **de**

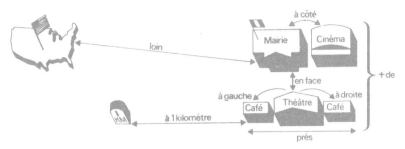

La mairie est loin **de** New York
Les cafés sont **près du** théâtre
La mairie est **à côté du** cinéma
Le théâtre est **en face de la** mairie

1

*To find your way around a strange town you'll probably have to
stop passers-by to ask for directions. Jean, for example, was
wanting to get to the station ...*

Jean	Pardon mademoiselle, pour aller à la gare, s'il vous plaît ?
Une femme	Bon alors, vous allez tout droit, vous traversez la place Darcy, vous continuez la rue Foch et c'est devant vous.
Jean	Merci bien.
Une femme	Je vous en prie.

2*

... and to the Hôtel Central ...

Jean	Pardon madame, pour aller à l'Hôtel Central, s'il vous plaît ?
Une femme	Alors, vous sortez du passage, vous traversez la place Darcy, vous descendez la rue de la Liberté et aux feux rouges vous tournez à droite et vous avez l'hôtel sur votre gauche.
Jean	Merci beaucoup.

3*

... and then he had to find a druggist's ...

Jean	Pardon madame, est-ce qu'il y a une pharmacie par ici, s'il vous plaît ?
Une femme	Oui monsieur, très près. Vous descendez la rue de la Liberté et vous avez une pharmacie sur votre droite à cinquante mètres.
Jean	Merci bien.

4*

The druggist's was closed, so . . .

Jean	Pardon monsieur, est-ce qu'il y a une pharmacie par ici, s'il vous plaît?
Un homme	Oui, vous traversez la place Darcy, vous prenez l'avenue du maréchal Foch, et c'est tout de suite sur votre gauche.
Jean	C'est loin?
Un homme	Non. A deux minutes à peine.
Jean	Merci bien.
Un homme	Je vous en prie.

5

But what if you're in a car and you want to go to Paris . . . ?

Jean	Pardon madame, la route pour aller à Paris, s'il vous plaît?
Une femme	Vous êtes en voiture?
Jean	Oui, oui.
Une femme	Alors, vous prenez la première à droite, la seconde à gauche, et puis vous arrivez au centre ville et vous allez voir des panneaux direction Paris.
Jean	Très bien, alors, première à droite, seconde à gauche et ensuite c'est indiqué?
Une femme	Voilà.
Jean	Merci madame.

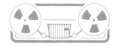

6*

. . . or to Lyon?

Jean	Pardon monsieur, la route de Lyon, s'il vous plaît?
Un homme	Vous êtes en voiture?
Jean	Oui, oui. Bien sûr.
Un homme	Eh bien, vous allez jusqu'à la place, ensuite vous prenez le troisième boulevard à droite.
Jean	Oui.
Un homme	Vous continuez jusqu'à des feux rouges. . . .
Jean	Oui.
Un homme	Aux feux rouges il y a des panneaux pour Lyon, par l'autoroute ou par la Route Nationale.
Jean	L'autoroute est à péage?
Un homme	Oui, oui.
Jean	Bien. Et par la Nationale?
Un homme	Par la Nationale vous suivez la direction de Beaune.
Jean	Très bien. Alors jusqu'à la place, la troisième à droite . . .
Un homme	Oui.
Jean	. . . et aux feux rouges c'est indiqué?
Un homme	C'est cela.
Jean	Très bien. Merci monsieur.
Un homme	Au revoir monsieur.

7

It isn't always convenient to drive, so Jean decided to find out about trains to Paris. At the station he found the desk marked Renseignements (*Information*)

Jean	Pardon monsieur, c'est combien un billet pour Paris, s'il vous plaît?
L'homme	En première ou deuxième classe, monsieur?
Jean	Deuxième classe, aller-retour.
L'homme	Alors deuxième aller-retour, quatre-vingt-seize francs (96F).
Jean	Merci bien.
L'homme	A votre service monsieur.

Expressions

je vous en prie	*you're welcome*
à deux minutes à peine	*two minutes at the most*
vous continuez jusqu'à des feux rouges	*you carry on till you come to some traffic lights*
c'est indiqué	*it's signposted*
à péage	*toll (see les routes nationales p. 90)*

Exercises

1

What's where?

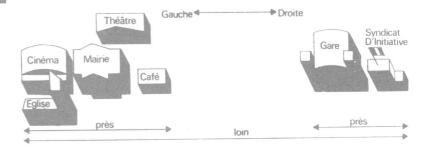

Answer the questions referring to the map.

Le Syndicat d'Initiative est **près de** la Mairie?
— Non, le Syndicat d'Initiative est **loin de** la Mairie.

1 Le cinéma est loin du théâtre?
2 La gare est à droite du Syndicat d'Initiative?
3 La Mairie est loin du Syndicat d'Initiative?
4 Le café est loin de la Mairie?
5 Le Syndicat d'Initiative est loin de la gare?
6 Le théâtre est loin de l'église?
7 Le Syndicat d'Initiative est à droite de la gare?
8 Le café est loin du théâtre?
9 Le cinéma est près du café?
10 L'église est près du Syndicat d'Initiative?

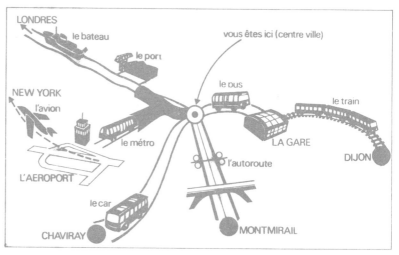

2

How to get there? You are in the town center.

    Pour aller à la gare? – Pour aller à la gare, vous prenez le bus.

1   Pour aller à Dijon?
2   Pour aller à Londres?
3   Pour aller au port?
4   Pour aller à Chaviray?
5   Pour aller à Montmirail?
6   Pour aller à New York?
7   Pour aller à l'aéroport?

3

Starting from *centre ville*, where do things go from, and where to?
Use the word **va**: *goes*

    Le bus va **du centre ville à la gare**.

1   Et le bateau?
2   Et le car?
3   Et l'avion?
4   Et l'autoroute?
5   Et le train?
6   Et le métro?

4

Now tell people how to get there.

    Pour aller à Londres? – Vous allez à Londres? Prenez le bateau.

1   Pour aller à la gare?
2   Pour aller à Montmirail?
3   Pour aller à Chaviray?
4   Pour aller à l'aéroport?
5   Pour aller à New York?
6   Pour aller à Dijon?

5

HELP! You're looking lost in the town center . . . Here comes a
friendly looking woman.

Vous	(stop her politely and ask how to get to the Dijon road please.)
La femme	La route de Dijon? . . . alors, vous allez tout droit; aux feux rouges vous tournez à gauche.
Vous	(yes: recap briefly)
La femme	Puis vous prenez l'avenue de Maine, et c'est à trois kilomètres.
Vous	(is it signposted?)
La femme	Oui, c'est indiqué place Thorez, "direction Dijon."
Vous	(good; it's easy; thanks; goodbye)
La femme	Je vous en prie. Au revoir.

6

You're waiting for the bus and are approached by a woman.

La femme	Pardon, est-ce qu'il y a une pharmacie dans le quartier, s'il vous plaît?
Vous	(in the neighbourhood, no; but there's a chemist on place Poincaré)
La femme	Très bien — mais pour aller place Poincaré? C'est loin?
Vous	(no; it's very near; 5 minutes' walk)
La femme	Tant mieux!
Vous	(tell her to cross rue de la République, take avenue Eugénie, it's the first right, then place Poincaré is 500 metres away.)
La femme	Donc, avenue Eugénie, première à droite, et c'est à cinq cents mètres, c'est ça?
Vous	(yes, that's it)
La femme	Merci bien — au revoir.
Vous	(you're welcome)

7

Then another stranger comes along.

L'homme	Pardon, pour aller au zoo, s'il vous plaît?
Vous	(is he in a car?)
L'homme	Oui, bien sûr. C'est loin?
Vous	(10 minutes in a car)
L'homme	Ah bon!
Vous	(you take avenue de la République, at the station you turn right, you turn left at place Gambetta — and then it's straight on)
L'homme	C'est indiqué?
Vous	(it's signposted at the station)
L'homme	Merci bien.
Vous	(you're welcome)

A propos . . .

Aller à la chasse

In France *la chasse* means going out on foot and shooting game. It has no elitist overtones, anyone with the appropriate equipment and permits can, and does, hunt in France. Of course *la chasse* can also be run on expensive, exclusive lines, but this is by no means the only formula. In fact, this variety makes it more comparable to fishing in the U.S.

Les feux rouges

In France traffic lights are thought of more as "stop lights," hence *les feux rouges*, though in the day they run through a cycle of green- amber-red-green (no amber before green). Often at night they are replaced at crossroads by continually flashing amber lights which simply mean *Attention!* (take care!).

Les Routes Nationales

Les Routes Nationales correspond to primary U.S. routes. Maybe the best-known is *la Route Nationale 7* (**'la N.7'**) from Paris to the Côte d' Azur. In addition to these roads there is a network of motorways—*les autoroutes*—which are often partly financed from private sources, so that they are usually run on a toll basis—*à péage*.

le franglais

French borrowing from English isn't limited to sport (see chapter 6). Over the last 20 years there has been a considerable influx of English into the language — referred to by purists as *le franglais*. Sometimes the new word refers to something previously unknown in France — *le snack-bar* (or even *le snack*), *le self-service* (or *le self*). Some *franglais* is more compact than the "real" French — *le parking* instead of *le parc de stationnement*.

Un pub . . .

But often the English word is used only because it is considered an exotic status symbol (*un symbole de standing*) e.g. *le tea-room* alongside *le salon de thé*. In some cases the word and the thing undergo a sea change: just as a British café is most unlike a French café, in France *le pub* and *le drugstore* bear little resemblance to their British and American originals.

sale flic

In France, as everywhere else, there are a number of more or less uncomplimentary words for policemen. *Le flic* is fairly neutral — like *cop* — but you still wouldn't use it when speaking to *monsieur l'agent*. Expressions like *sale flic* are better thought, and left unsaid.

Likes and dislikes

J'adore Je préfère J'aime Je n'aime pas Je déteste	Paris visiter Paris

In this chapter you will take the first steps to stating opinions or value judgments. You will use *j'aime, je préfere, j'adore, je n'aime pas, je déteste* with nouns and infinitives. You will learn how to use adverbs to show intensity: *enormément, assez, beaucoup, pas du tout.* You will use demonstratives (*ce, cet, cette, ces*) and the interrogative *quel?* In addition, you will learn how to use *tout, toute, tous, toutes* coupled with an article plus noun to express the meaning "everything."

Paul and Virginie are at a café ordering drinks.

Paul   Qu'est-ce que vous prenez?
Virginie Un citron pressé.
Paul   Et moi une bière.
Virginie Bah! Je n'aime pas la bière. Je déteste ça.
Paul   (*to waiter*) Un citron pressé et une bière, s'il vous plaît.
          (*to Virginie*) Il y a un bon film à la télé ce soir.
Virginie Je n'aime pas la télévision. Je préfère le théâtre.
Paul   Ah bon.
Virginie Vous aimez la musique?
Paul   Oui, j'adore la musique de jazz.
Virginie Jazz. Bah! Je préfère la musique classique.
Paul   Ah bon.
Virginie Vous allez en vacances cet été?
Paul   Oui, dans les Pyrénées.
Virginie Bah! La montagne, je n'aime pas ça. C'est trop fatigant. Je préfère la mer, le soleil.
Paul   Ah bon.
          A street newsvendor passes.
Paul   'L'Humanité' s'il vous plaît.
Virginie Mais c'est un journal communiste! Quelle horreur! (*Paul pays for the paper, then fixes Virginie with a long stare.*)
Paul   J'aime la bière; vous n'aimez pas la bière. J'aime la télé; vous n'aimez pas la télé. J'aime le jazz; vous n'aimez pas

le jazz. J'aime la montagne; vous n'aimez pas la
montagne. J'aime 'l'Humanité'; vous n'aimez pas
'l'Humanité'. Voulez-vous être ma femme?

Expressions

qu'est-ce que vous prenez?	*what will you have?*
un citron pressé	*(see note p. 100)*
je déteste ça	*I hate it*
à la télé	*on telly*
ah bon	*really?*
quelle horreur!	*how dreadful!*

1

Explanations

Likes and dislikes

The extremes are **adorer** and **détester**. In between comes **aimer**.
You can adore, or like, or detest *things*, or *doing things*.

j'adore	
j'aime	**le coq au vin**
je déteste	**manger** le coq au vin

When making generalizations the article (**le**, **la**, **les**) has to be
included, unlike English:

	le vin		*wine*
j'aime	**les** femmes	*I like*	*women*
	la musique		*song*

To be more precise about your tastes or feelings, there is a range of
expressions that you can add to **aimer**:

like most				
↑		**énormément**		*I love...*
	j'aime	**beaucoup**	les	*I like...a lot*
		bien	escargots	*I like...quite a lot*
		assez		*I quite like...*
		trop	la	*I'm not too keen on...*
	je n'aime pas	**beaucoup**	musique	*I don't much like...*
↓		**tellement**	classique	*I don't much like...*
like least		**du tout**		*I don't like...at all*

When answering questions, you can use a number of these
expressions without **aimer**:

Aimez-vous Brahms?

énormément	*tremendously*
beaucoup	*a lot*
assez	*quite a lot*
pas du tout	*not at all.*

For preferences use **préférer**:
Quels compositeurs **préférez-vous?**
Which composers do you prefer/like most?

2

tout

On its own **tout** means *"everything:"*
j'aime **tout**

Used as an adjective it means *"all."*

| voici | **tout** le vin | j'aime | **tous** les vins |
| | **toute** la bière | | **toutes** les bières |

3

quel? – *which/what?*

	singular	plural
M	quel	quels
F	quelle	quelles

Le plat – **Quel** est votre plat préféré ?
         – **Quels** sont vos plats préférés ?
La ville – **Quelle** est votre ville préférée ?
          – **Quelles** sont vos villes préférées ?

4

ce/cet/ces – *this/that*

	singular	plural
M	**ce** (**cet** before a vowel)	**ces**
F	**cette**	

le soleil   **ce** soleil
l'argent (m.)   **cet** argent
la plage   **cette** plage
les femmes   **ces** femmes
les hommes   **ces** hommes

1*

Annick wanted to find out something about the likes and dislikes of French people. First of all she asked a woman about housework. . . .

Annick	Qu'est-ce que vous aimez ou qu'est-ce que vous n'aimez pas faire à la maison madame ?
La femme	Je n'aime pas beaucoup faire la vaisselle, je n'aime pas non plus beaucoup faire les lits.
Annick	Vous aimez repasser ?
La femme	Pas tellement.
Annick	Et faire la cuisine ?
La femme	Oui, encore assez.
Annick	Vous aimez faire la cuisine. Et est-ce que vous aimez manger ?
La femme	Egalement.
Annick	Qu'est-ce que vous aimez spécialement ?
La femme	J'aime par exemple le poulet, les frites bien sûr, les desserts, les tartes, les gâteaux à la crème.
Annick	Vous aimez les escargots ?
La femme	J'aime ça.
Annick	Et vous aimez les grenouilles ?
La femme	Aussi.

Annick	Et qu'est-ce que vous n'aimez pas du tout?
La femme	Certaines charcuteries.
Annick	Par exemple?
La femme	L'andouillette.
Annick	Bon. Eh bien merci madame.

2

*Then Annick talked to a man about what he did in his spare time ...
again the conversation turned to food.*

Annick	Monsieur, qu'est-ce que vous aimez faire de votre temps libre?
L'homme	J'aime lire, j'aime écouter de la musique, j'aime surtout être tranquille chez moi avec ma femme.
Annick	Quel genre de musique préférez-vous?
L'homme	Je préfère la musique classique.
Annick	Quels sont vos compositeurs préférés?
L'homme	Mon compositeur préféré est peut-être Mozart, mais j'aime beaucoup les classiques.
Annick	Est-ce que vous aimez bien manger?
L'homme	Oui, j'aime bien manger.
Annick	Quels sont vos plats préférés?
L'homme	Mes plats préférés sont souvent des plats simples préparés par ma femme.
Annick	Par exemple?
L'homme	Par exemple, j'aime beaucoup les tartes aux pommes faites maison.
Annick	Et vous aimez les escargots?
L'homme	Les escargots, pas beaucoup.
Annick	Et les huîtres?
L'homme	Ah les huîtres oui. J'aime beaucoup les huîtres.
Annick	Et qu'est-ce que vous n'aimez pas du tout?
L'homme	Je n'aime pas du tout les betteraves rouges.
Annick	Les salsifis?
L'homme	Pas trop.
Annick	Eh bien merci monsieur.

3*

*Monsieur Vuez, a journalist in Dijon, had a lot to say about music
and sport ...*

Annick	Monsieur Vuez, qu'est-ce que vous aimez faire de votre temps libre?
M. Vuez	J'ai essentiellement trois passions: la musique, les arts plastiques et le sport.
Annick	Quelle musique?
M. Vuez	J'aime beaucoup la musique classique, mais je préfère écouter et jouer la musique de jazz.
Annick	Vous jouez d'un instrument?
M. Vuez	Oui. Je joue de la trompette.
Annick	Et quels musiciens préférez-vous?
M. Vuez	En musique de jazz?
Annick	Oui.

M. Vuez	Comme trompettiste je préfère Louis Armstrong. J'aime énormément Duke Ellington et tous les musiciens jusqu'à la période 'Swing'.
Annick	Et en musique classique quels compositeurs préférez-vous?
M. Vuez	Bach, Haendel, tous les classiques. Mais je n'aime pas la musique romantique.
Annick	Et comme sports?
M. Vuez	J'aime beaucoup le ski, puisque c'est la saison. Mais je pratique aussi le tennis et la natation.
Annick	Et vous aimez aussi regarder les sports?
M. Vuez	Non, pas du tout. J'aime uniquement pratiquer. Je ne suis pas spectateur.
Annick	Et vous aimez regarder la télévision?
M. Vuez	Je n'ai pas la télévision.
Annick	Pourquoi?
M. Vuez	Je ne sais pas.
Annick	Donc vous n'aimez pas tellement la télévision?
M. Vuez	Pas beaucoup. C'est dangereux. C'est trop prenant.
Annick	Et la radio?
M. Vuez	Oui beaucoup. J'écoute beaucoup les informations et quelques émissions le soir.
Annick	De la musique aussi peut-être?
M. Vuez	Les émissions de variétés essentiellement.
Annick	Est-ce que vous aimez bien manger?
M. Vuez	Ah oui, beaucoup.
Annick	Et qu'est-ce que vous préférez manger?
M. Vuez	Des cuisines régionales.
Annick	Par exemple?
M. Vuez	En Bourgogne le coq au vin.
Annick	Les escargots?
M. Vuez	Oui, bien sûr!
Annick	Oui? Les grenouilles?
M. Vuez	Ah oui, bien sûr. (*laughs*)
Annick	Et qu'est-ce que vous n'aimez pas du tout?
M. Vuez	Je n'aime pas du tout les salsifis et très peu les céleris cuits.
Annick	Mais vous aimez tous les poissons?
M. Vuez	Ah oui.
Annick	Oui? Et toutes les viandes?
M. Vuez	Toutes les viandes, surtout les viandes grillées.
Annick	Bon. Eh bien, merci.

Expressions

je n'aime pas non plus beaucoup faire les lits	*I don't like making beds much either*
de votre temps libre	*with your spare time*
encore assez	*quite a bit*
faites maison	*home-made*
comme trompettiste	*as a trumpeter*
c'est trop prenant	*it takes up too much time*

1

You're the indoor type — you love being at home, cooking and eating, watching television and listening to all kinds of music. You hate going out. Start your answers **Oui, j'adore** . . . or **Non, je déteste** . . .

1 Vous aimez aller à la mer?
2 Vous aimez faire la cuisine?
3 Vous aimez les aubergines?
4 Vous aimez marcher sur les quais de la Seine?
5 Vous aimez le jazz?
6 Vous aimez regarder la télévision?
7 Vous aimez danser?
8 Vous aimez manger des plats français?
9 Vous aimez aller au café?
10 Vous aimez voyager?

2

Now you like *all* of it/them . . .
Vous aimez la musique classique? — Oui, j'aime **toute** la musique classique.

1 Vous aimez le jazz?
2 Vous aimez la viande?
3 Vous aimez la France?
4 Vous aimez la cuisine française?
5 Vous aimez les plats régionaux?
6 Vous aimez les légumes?
7 Vous aimez le cinéma américain?
8 Vous aimez les gâteaux?
9 Vous aimez la littérature française?
10 Vous aimez la période 'swing'?

3

Now you're being interviewed about your feelings toward housework. You're a domestic soul . . . Tell all to *le reporter.*

Le reporter	Qu'est-ce que vous aimez faire à la maison?
Vous	(you like everything)
Le reporter	Tout? Vraiment? Faire la vaiselle?
Vous	(yes, you quite like doing the dishes)
Le reporter	Et faire les lits?
Vous	(you don't much like making beds)
Le reporter	Et vous aimez faire la cuisine?
Vous	(you *love* cooking)
Le reporter	Ah oui? Quel genre de cuisine?
Vous	(you like making regional dishes)
Le reporter	Qu'est-ce que vous aimez spécialement?
Vous	(French cooking — snails — coq au vin, tarts)
Le reporter	Et les viandes?
Vous	(you aren't too keen on meat)
Le reporter	Vous aimez les omelettes?
Vous	(ah . . . no, you don't like eggs at all)

4

You're at a party, and you have to make conversation with a rather intellectual-looking old gentleman. Fortunately your hostess has told you he's interested in music.

Vous	(ask him if he likes music)
L'intellectuel	Ah oui! Beaucoup!
Vous	(which is his favorite composer?)
L'intellectuel	Mon compositeur préféré? Bach et Beethoven, sans doute. Wagner aussi.
Vous	(and French composers?)
L'intellectuel	J'aime assez Ravel. J'aime beaucoup César Franck.
Vous	(he likes romantic music, doesn't he?)
L'intellectuel	Oui, j'aime beaucoup la période romantique. Et vous?
Vous	(say you like modern music)
L'intellectuel	Oh! la, la! Vous aimez donc le jazz!
Vous	(a little, yes, but you prefer Bartok and Gershwin)
L'intellectuel	Mais Gershwin, c'est du jazz!
Vous	(yes — but Gershwin is very romantic . . .)
L'intellectuel	Peut-être. Vous aimez le théâtre?
Vous	(say you *love* classical theater)
L'intellectuel	Ah oui! Shakespeare!
Vous	(say you like Racine too)
L'intellectuel	Et le théâtre moderne? Vous aimez Pinter?
Vous	(say you quite like Pinter but you prefer Ionesco. Does he like Brecht?)
L'intellectuel	Ah oui, bien sûr! C'est un grand homme. Vous l'aimez?
Vous	(say you loathe Brecht)
L'intellectuel	Tant pis!

5

You're a vegetarian — not by principle, but simply because you don't like meat, fish or poultry. You go into a small restaurant, where there's a very helpful waiter. Make sure he understands your tastes . . .

Garçon	Aujourd'hui, le plat du jour, c'est un poulet rôti.
Vous	(say you don't like roast chicken)
Garçon	Ou alors il y a du coq au vin.
Vous	(you don't eat coq au vin)
Garçon	Bon, J'ai un excellent steak.
Vous	(you hate steak)
Garçon	Voulez-vous une sole au vin blanc alors?
Vous	(you don't like sole at all)
Garçon	Alors vous n'aimez pas la viande?
Vous	(not much)
Garçon	Vous n'aimez pas le poulet?

Vous	(not at all)
Garçon	Vous n'aimez pas le poisson non plus.
Vous	(not too much)
Garçon	Aimez-vous les légumes?
Vous	(yes!)
Garçon	(*seductively*) J'ai des courgettes au gratin.
Vous	(you *love* courgettes au gratin)
Garçon	Alors des courgettes au gratin et une tarte aux pommes?
Vous	(What a good idea! Thank you. And some water please)

A propos . . .

Je vous aime un peu . . . beaucoup . . . passionnément . . . à la folie . . . pas du tout!

To discover the strength of your feelings, pick the petals from a daisy, blow the thistledown off a dandelion, or count up the fruit stones on your plate. It's like the English " She loves me, she loves me not . . . " only, as you can see, the French version goes into greater detail . . .

chute de pierres

Most pictorial road signs are the same throughout Europe, but sometimes words are added. Some of the most important signs you will need to understand are:

chute de pierres — falling rocks
chaussée déformée — uneven surface (a very common one, this!)
chaussée glissante — slippery surface
virages sur 5 km — bends for 5 kilometers.

and, most important of all, one that is not always written out, it's so basic a part of French driving: *priorité à droite* — at crossroads you **must** give way to traffic coming from the right. Unless, of course, you see one of the signs shown on the left, or the words *passage protégé*, which mean that **you** have priority over all cross traffic.

Sur la route

La pétanque

la pétanque

This is the traditional fine-weather game throughout France, but most of all in the South. Players stand with their feet together and lob *les boules*, which are heavy and made of steel and about the size of a cricket ball, in the direction of the jack – *le cochonnet* (literally "piglet"). The aim is to get your *boules* nearer the jack than your rivals. Unlike American bowling, *la pétanque* can be played on any relatively flat surface, preferably near a friendly café.

l'andouillette

This is a sausage made of coarsely chopped pork tripe, with spices, and is served grilled or fried. It is very rich and can be rather greasy, so people tend to like it a lot or not at all – you'll hardly ever hear *j'aime assez l'andouillette*.

un citron pressé

Un citron pressé is a cool, refreshing drink: the juice of a freshly squeezed lemon topped up with water, and ice and sugar to taste. You can also order *une orange pressée*.

bon appétit !

The French are always wishing each other a good time. Here are a few examples:

bonne journée/soirée	*have a good day/evening*
bonnes vacances	*enjoy your holiday*
bon voyage	*have a good journey*
bonne fin de soirée	*enjoy the rest of the evening*

and of course

bon appétit !	*enjoy your meal!*

The polite answer is: *merci à vous aussi.*

dix 10

Is it possible? If so, where and when?

Où	est-ce qu'on peut	
Where	*can one/you*	téléphoner?
Quand	**peut-on**	
When	*can one/you*	

In this chapter you will learn how to ask about the possibility of doing things. You will use *on peut* in questions with *est-ce que* and with the inversion *peut-on*. This chapter also focuses on the questions were? and when? And it will teach you how to talk about the times of day—what time certain events take place, what time it currently is, and so forth.

Lucien, a widower of about fifty, is settling down to an idle Sunday.

Lucien	(*to himself*) Belle journée pour une partie de pétanque! (*His teenage daughter, Madeleine, interrupts.*)
Madeleine	Papa, est-ce qu'on peut aller à la campagne?
Lucien	(*deep in newspaper*) Qu'est-ce qu'il y a?
Madeleine	Est-ce qu'on peut sortir?
Lucien	Oui, mais pas maintenant.
Madeleine	Il fait beau. Est-ce qu'on peut pique-niquer?
Lucien	Non.
Madeleine	Mais, papa, j'aime tellement la campagne.
Lucien	Et ma partie de pétanque, alors?
Madeleine	Oh! Papa, mon petit papa . . .
	Later, in the car.
Madeleine	Quand est-ce qu'on peut manger? J'ai faim.
Lucien	Bientôt.
Madeleine	Mais à quelle heure? Il est tard.
	Ten minutes later.
Madeleine	Est-ce qu'on peut pique-niquer ici?
Lucien	Non, non, pas ici. C'est trop près de la route.
	Fifteen minutes later.
Madeleine	Est-ce qu'on peut manger dans le bois là-bas?
Lucien	Non, non. Trop d'ombre.
	Twenty minutes later.
Madeleine	Et là dans le champ, papa?
Lucien	Non, non, trop de soleil.
	An hour later.
Madeleine	Et là, près du lac?
Lucien	Non, non. Trop d'insectes.
	At long last.

Lucien	Ah! Voilà l'endroit idéal.
	They pull up and take out the picnic equipment.
Lucien	Qu'est-ce qu'on mange?
Madeleine	Il y a du pâté de campagne, du saucisson, du fromage, des fruits et pour toi une bouteille de Beaujolais. (*She opens the picnic basket*) Oh zut!
	She has brought Lucien's pétanque *set instead of the food.*

Expressions

qu'est-ce qu'il y a?	*what's the matter?*
il fait beau	*the weather's nice*
et ma partie de pétanque, alors?	*what about my bowling game?*
trop de	*too much/too many*
pour toi	*for you*

Explanations

1

on peut

To ask if something is possible use

Est-ce qu'on peut . . . ?
Peut-on . . . ? } *Can you . . . ? Can one . . . ?*

Est-ce qu'on peut Peut-on	téléphoner ici? fumer? manger par ici? garer la voiture ici?	*. . phone from here? . . smoke? . . eat near here? . . park the car here?*

To ask *where* or *when* something can be done, add **où** or **quand**

Où	est-ce qu'on peut peut-on	téléphoner? – A la poste.

Quand	est-ce qu'on peut peut-on	manger? – A midi.

When you *can* do something you'll hear the answer:

Oui, **on peut**	téléphoner manger *etc.*

When you *can't* it'll be:

Non, **on ne peut pas**	fumer garer la voiture *etc.*

2
On

On corresponds roughly to the English "one" but is used far more frequently in French and has several meanings depending on the context.

a) People in general – i.e. "one," "you" or vague "they."

Ici **on parle** français
On mange bien à Dijon

b) "We." Renard means himself and Frobert when he says:
Mon capitaine, **on a** faim.

3
Quand

Quand (when) refers to any sort of time: years, dates or times of day. An alternative way to ask the precise *time of day* something happens is **A quelle heure . . . ?** (lit. *at what hour*). But **quand** will do just as well.

Quand est-ce qu'il y a un train pour Marseille? — Lundi, jeudi et samedi.
A quelle heure? — A dix heures du matin.

4
The time

Il est	une heure	It's	one o'clock
	trois heures		three o'clock
	dix heures		ten o'clock
	dix heures et demie		half past ten
	midi		twelve noon
	minuit		midnight

If there is any ambiguity about the time of day you can add **du matin** (*in the morning*), **de l'après-midi** (*in the afternoon*), or **du soir** (*in the evening*).

1h **une heure du matin**
16h **quatre heures de l'après-midi**
21h **neuf heures du soir**

The twenty-four hour clock is used far more widely in France than in America, especially when exactness is required as on timetables or for making appointments:

12h30 **douze heures trente**
15h20 **quinze heures vingt**
20h05 **vingt heures cinq**

Other examples

9h15 **neuf heures quinze** or **neuf heures et quart**
9h30 **neuf heures trente** or **neuf heures et demie**
9h45 **neuf heures quarante-cinq** or **dix heures moins le quart**

Here's how to ask the time of arrivals and departures:

| Le train | **arrive** | à quelle heure s'il vous plaît? |
| | **part** | |

5
Le train de Lyon — the Lyon train

The phrase **le train de Lyon** can mean the train *from* or the train *to* Lyon. To make it quite clear, you can talk about the train **pour Lyon** (it's going there), but usually the context (**arriver** or **partir**) will show the meaning.

6

jouer

Like the English word *play*, **jouer** refers to games and musical instruments. But there is one difference: the choice between **à** and **de**. It's **à** for games, **de** for instruments.

	au tennis
	à la pétanque
On joue	**du** piano
	de la trompette

1*

What do you do if you've got a phone call to make and there's no phone booth in sight . . .?

Annick	Pardon monsieur, où est-ce qu'on peut téléphoner dans le quartier, s'il vous plaît?
Un homme	On peut téléphoner à la poste.
Annick	Et c'est loin?
Un homme	Non, c'est à cent mètres.
Annick	A droite ou à gauche?
Un homme	A droite.
Annick	A droite, bon, merci beaucoup. Au revoir monsieur.
Un homme	Bonsoir madame.

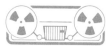

2

. . . or if you need some stamps . . .

Annick	Pardon monsieur, où est-ce qu'on peut acheter des timbres dans le quartier?
Un homme	Oh c'est tout simple, dans n'importe quel bureau de tabac ou si vous voulez à la poste.
Annick	Et c'est loin d'ici?
Un homme	La poste est à deux cents mètres à peu près, mais vous avez un bureau de tabac plus près, à cent mètres sur la petite place.
Annick	(*Points the direction*) Ah, juste là?
Un homme	Juste là, oui.
Annick	Merci beaucoup, au revoir monsieur.
Un homme	Je vous en prie.

3*

Jean felt like a good meal – and not too expensive – but as he didn't know his way around he had to ask.

Jean	Pardon monsieur. Où est-ce qu'on peut manger par ici s'il vous plaît?
Un homme	Il y a plusieurs restaurants tout près d'ici. Si vous voulez très bien manger il y a le Rallye. Et si vous voulez manger pour moins cher il y a plusieurs petits restaurants sur la place St Michel.
Jean	Où est la place St Michel s'il vous plaît?

Un homme	Vous passez devant le théâtre, vous tournez à gauche et c'est la place St Michel.
Jean	Merci beaucoup monsieur.

4*

Jean needed some information to organize a trip to the museum, so he asked the attendant — le gardien.

Jean	Pardon monsieur. Quand est-ce qu'on peut visiter le musée s'il vous plaît?
Le gardien	On peut visiter le musée tous les jours de la semaine sauf le mardi.
Jean	Et de quelle heure à quelle heure?
Le gardien	De neuf heures à douze heures le matin et de quatorze à dix-huit heures l'après-midi.
Jean	Quel est le prix s'il vous plaît?
Le gardien	Le prix est de deux francs par personne.
Jean	Tous les jours?
Le gardien	Tous les jours sauf le dimanche après-midi.
Jean	Alors le dimanche après-midi c'est gratuit?
Le gardien	Oui, oui, oui. C'est gratuit.
Jean	Et est-ce qu'il y a des prix pour les groupes?
Le gardien	Il y a des tarifs réduits de un franc par personne.
Jean	Merci. Où est-ce qu'on peut garer la voiture par ici?
Le gardien	On peut garer la voiture sous la place de la Libération. Il y a un grand parking.
Jean	Merci monsieur.
Le gardien	A votre service, monsieur.

5

Jean went to the station to find out when the Lyon train got in . . .

Jean	Pardon monsieur, le train de Lyon arrive à quelle heure, s'il vous plaît?
L'homme	Le prochain train arrive à onze heures huit. (11h08)
Jean	Et c'est à quel quai?
L'homme	C'est au quai numéro quatre.
Jean	Merci beaucoup.
L'homme	A votre service monsieur.

6

. . . and what time the next train left for Grenoble.

Jean	Pardon monsieur, le prochain train pour Grenoble part à quelle heure, s'il vous plaît?
L'homme	Le prochain train part à onze heures quarante-six. (11h46)
Jean	Il est direct?
L'homme	Il est direct pour Grenoble.

Jean	Et c'est à quel quai?
L'homme	Au deuxième quai monsieur.
Jean	A quelle heure il arrive à Grenoble?
L'homme	A quinze heures cinq. (15h05)
Jean	Il n'y a pas de train plus tard?
L'homme	Si, vous avez un train à quatorze heures trente-quatre (14h34) avec changement à Lyon-Perrache pour arriver à Grenoble à dix-sept heures trente-trois. (17h33)
Jean	Merci. Est-ce qu'il y a un wagon-restaurant?
L'homme	Le premier train possède un wagon-restaurant et le deuxième un wagon-bar.
Jean	Parfait. Merci beaucoup.
L'homme	A votre service monsieur.

Expressions

n'importe quel	*any*
le bureau de tabac	*tobacconist's (see note p. 109)*
pour moins cher	*more cheaply* (lit. *less expensive*)
tous les jours	*every day*
le prix est de deux francs	*the price is 2 francs*
il n'y a pas de train plus tard?	*isn't there a train later?*

Exercises

1

You've got a busy day ahead — providing you're allowed to do the things you want to. Ask the people in charge if you can . . . :
 see the manager Est-ce qu'on peut **voir le directeur**?

1 smoke.
2 see the menu.
3 have a bottle of beaujolais.
4 buy stamps in a tobacconist's.

Now ask *where* you can . . .
5 buy postcards.
6 park the car.
7 play *pétanque.*
8 eat nearby.

. . . and now *when* can you . . .
9 visit the cathedral.
10 speak to M. Dutronc.
11 telephone at the post office.
12 go to the theater.

2

Your friend has *no* sense of occasion. He keeps getting odd ideas in the strangest places. Keep him on the straight and narrow.
 Je voudrais fumer (*in a cathedral*?) —
 On ne peut pas fumer dans une cathédrale!
1 Je voudrais danser. (*in a museum*?)
2 Je voudrais manger un steak. (*in a cinema*?)
3 Je voudrais aller à la chasse. (*in a parking lot*?)
4 Je voudrais jouer à la pétanque. (*in a station*?)

5 Je voudrais acheter des timbres. (*in a train?*)
6 Je voudrais jouer du piano. (*in a post office?*)
7 Je voudrais aller au lit. (*in a supermarket?*)
8 Je voudrais garer la voiture. (*on the lawn?*)

3

You're in the grocer's. You want to buy some stamps. It's just after six o'clock. Ask the grocer where you should go.

Vous	(Where's the post office please?)
L'épicière	Il y a un bureau de poste place Saint-André — mais il est fermé.
Vous	(well, where can you buy stamps please?)
L'épicière	On peut acheter des timbres dans n'importe quel bureau de tabac.
Vous	(ask if there is a tobacconist in the neighborhood)
L'épicière	Vous avez un bureau de tabac rue Cézanne, au café du Commerce.
Vous	(ask if it's far)
L'épicière	Mais non, c'est tout près, là, à droite, à deux cent mètres.
Vous	(good; thanks; goodbye)
L'épicière	Je vous en prie. Au revoir.

4

You've got to the café du Commerce. Le patron is on the cigarette counter.

Le patron	Bonsoir. Que désirez-vous?
Vous	(you'd like ten stamps at one franc please)
Le patron	Désolé. Je n'ai plus de timbres à un franc. Mais j'ai des timbres à cinquante centimes. Ça va?
Vous	(Yes, of course. Say you'd like 20 stamps at 50 centimes.)
Le patron	Voici. C'est tout?
Vous	(you'd like a packet of cigarettes as well)
Le patron	Oui. Françaises? Anglaises? Avec filtre? Sans filtre?
Vous	(a packet of English cigarettes with filters please)
Le patron	Voici. Et avec ça?
Vous	(that's all. How much is that?)
Le patron	Alors, ça vous fait douze francs. (12F)
Vous	(here's fifteen francs)
Le patron	Alors douze francs ... treize, quatorze et quinze. Je vous remercie.
Vous	(thanks; goodbye)
Le patron	Au revoir.

5

You have to sort out some travel problems, so you go to the station. At the information desk (*Renseignements*) you find the clerk (*l'employé*)

L'employé	Bonjour. Vous désirez?
Vous	(when does the train from Toulouse get in, please?)

L'employé	Le train de Toulouse . . . il arrive à dix-huit heures quarante-cinq.
Vous	(quarter to seven, is that it?)
L'employé	C'est ça.
Vous	(at which platform please?)
L'employé	Au quai numéro sept.
Vous	(thanks; and to go to Aix please?)
L'employé	Le matin ou le soir?
Vous	(say you prefer the morning)
L'employé	Alors, vous avez un train à neuf heures.
Vous	(is it direct?)
L'employé	Non, il y a un changement à Marseille.
Vous	(what time does the train get to Aix please?)
L'employé	Le train arrive à Aix à onze heures quarante-cinq.
Vous	(is there a dining car?)
L'employé	Non, mais il y a un bar.
Vous	(thanks; goodbye)
L'employé	Au revoir.

A propos . . .

il est interdit de marcher sur la pelouse

In French parks most lawns, whether well kept or scrubby, are designed to be looked at. Step or, worse, sit on them, and you'll incur the wrath of the park-keeper, *le gardien*, and maybe a fine. However, in really large parks like the Bois de Boulogne, you can walk in the rough grass among the trees – though still not in the more formal areas. (See also p. 71).

plat du jour

Whether you eat *à la carte* or choose a set menu (*le menu à 20 francs, le menu touristique,* etc), in brasseries and less pretentious restaurants there will usually be at least one *plat du jour* – the dish of the day. It's often particularly good value as the chef makes it in large quantities, which brings the price down, but also because it depends on what is fresh and reasonably priced in the local market that day.

Intérieur d'une
brasserie

Le tabac

le bureau de tabac

Since Napoléon Bonaparte's reforms, tobacco and matches have
both been state monopolies. In order to set up as a tobacconist, one
has to have a special license. *Le bureau de tabac* (or *le tabac* for
short) can be a separate shop, or it may be attached to a café. It
sells not only tobacco, snuff, cigars and cigarettes and smokers'
requisites, but also postage stamps, telephone *jetons* (see p. 80)
and tickets for the national lottery – *la Loterie Nationale*. Outside
there is always an easily recognizable sign – a stylized cigar in red.
You will find many cafés and restaurants willing to sell you
cigarettes, even though they are not *bureaux de tabac*, but even
they are bound by law to buy them at the nearest *bureau de tabac*.

State your intentions

j'ai besoin de	repos	*I need*	rest
je vais **j'ai l'intention de**	partir	*I'm going to* *I intend to*	leave

In this chapter you will learn to use *avoir besoin de* with nouns and infinitives, to use *aller* with the infinitive, to use *j'ai l'intention de, je pense* with infinitives, and to start using direct object pronouns: *le, la (l'), les.*

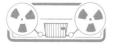

Gérard is in an awful mood and decides to see his doctor.

Gérard	C'est terrible! J'ai besoin d'aide. Mon psychiatre! Je vais voir mon psychiatre. (*Telephones*) Allô... Je voudrais parler au docteur Bloc. C'est urgent. Je voudrais un rendez-vous... Demain? Bon. A quelle heure?... Dix heures. D'accord. *Next day in the consulting room of Dr. Geraldine Bloc.*
Le docteur	Par ici. Relaxez-vous... Parfait. Alors, qu'est-ce qu'il y a?
Gérard	Eh bien, voilà docteur. Je déteste ma femme, je déteste mes amis, je déteste mes enfants. Je déteste tout le monde.
Le docteur	Mm!
Gérard	C'est abominable. J'ai l'intention de partir. Je vais tout abandonner. Je vais tout quitter.
Le docteur	Mm!
Gérard	C'est décidé. Je vais partir, je vais quitter la civilisation, je vais vivre dans la nature, j'ai besoin de calme, j'ai besoin de repos.
Le docteur	La nature! Mm! Vous êtes fatigué. C'est tout. (*She starts the treatment. Looks him straight in the eyes*) Vous allez dormir... dormir... dormir. Vous allez oublier vos problèmes. Vous allez aimer votre femme, aimer vos amis, aimer vos enfants... *A few days later Gérard is on the couch again.*
Le docteur	Alors? Qu'est-ce qu'il y a?
Gérard	J'ai besoin d'amour.
Le docteur	Oui je sais. Vous détestez toujours.

| *Gérard* | Oh non, ce n'est pas ça! C'est terrible. Maintenant moi, j'aime tout le monde, mais personne ne m'aime. (*Bursts into tears*) |

Expressions

relaxez-vous	*relax*
j'ai besoin d'aide	*I need help*
je déteste tout le monde	*I hate everybody*
je vais tout abandonner	*I'm going to give up everything*
personne ne m'aime	*nobody loves me*

Explanations

1
Needs

To say what you *need* use **j'ai besoin de** . . . (**d'** before a vowel)

J'ai besoin de (d')	un café un bain repos argent

2
Intentions

Just as you use je voudrais to say what you'd *like* to do, (see p. 40) use **je vais** to say what you are *going* to do.

	partir	*to leave*
Je vais	passer quelques jours à Paris	*to spend a few days in Paris*
	voir mon psychiatre	*to see my psychiatrist*
	faire la vaisselle	*to do the washing up*
	prendre un petit calvados	*to have a small calvados*

Other expressions for stating your intentions, both used in the same way as **je vais**, are:

J'ai l'intention de . . .	*I intend to* . . .
Je pense . . .	*I am thinking of* . . .

Je vais J'ai l'intention de Je pense	passer Noël à Paris

3
it/them etc.

When **les** means "them," it comes *before* the verb:

J'adore	les bananes mes enfants les quais de la Seine	Je **les** adore

The same rule applies to **le** and **la** meaning "him," "her," "it."

Je déteste le calvados	Je **le** déteste
Je prends la chambre	Je **la** prends
Je déteste ma femme	Je **la** déteste

Of course, if the verb which follows begins with a vowel, both **le** and **la** become **l'**

J'adore le vin	Je **l'**adore
J'adore Virginie	Je **l'**adore

4
personne

Personne meaning "*nobody*," is always accompanied by **ne**, as it's a negative:

Gérard **n'**aime **personne** . . .
. . . et **personne n'**aime Gérard

5
Hotels – making a booking
What you ask for is **une chambre**

Je voudrais Avez-vous	une chambre, s'il vous plaît?

Say how many people it's for:

pour	une personne deux/trois personnes

and how long it's for:

pour	une nuit deux nuits trois nuits une semaine

and what facilities you want:

avec	douche (shower) toilette/W.C. (toilet) bain/salle de bains (bathroom) deux lits (with two beds) un lit (with one bed)

You can also say *une chambre à un lit/à deux lits* etc.

1

Jean was looking for a hotel room for two friends. It was short notice, and the first hotel he tried was full up.

Jean	Pardon madame, est-ce que vous avez une chambre s'il vous plaît ?
La réceptionniste	Pour quel jour monsieur, pour ce soir ?
Jean	Pour ce soir, oui, seulement.
La réceptionniste	Alors ce soir, je regrette mais l'hôtel est complet.
Jean	Est-ce qu'il y a un autre hôtel dans le quartier ?
La réceptionniste	Oui, vous avez un hôtel deux rues plus haut sur votre gauche.
Jean	Bien . . . comment il s'appelle ?
La réceptionniste	L'Hôtel Victor Hugo.
Jean	Merci madame.
La réceptionniste	A votre service monsieur.

Réception d'un hôtel

2*

As it happened, the Victor Hugo had quite a choice of rooms.

Le réceptionniste	Bonjour monsieur.
Jean	Bonjour monsieur, est-ce que vous avez une chambre pour deux personnes s'il vous plaît ?
Le réceptionniste	Pour ce soir seulement ?
Jean	Pour ce soir, oui.
Le réceptionniste	J'ai des chambres avec douche, ou douche et W.C. Que désirez-vous ?
Jean	C'est combien avec douche ?
Le réceptionniste	Avec douche quarante francs (40F) et douche et W.C. quarante-cinq francs (45F).
Jean	Petit déjeuner compris ?
Le réceptionniste	Non, le petit déjeuner est en plus. Il est à six francs (6F).
Jean	Et vous servez les repas ?

Le réceptionniste	Nous ne servons pas les repas, mais vous avez dans le quartier plusieurs restaurants.
Jean	Très bien, eh bien je vais prendre une chambre avec douche.
Le réceptionniste	Parfait, monsieur. Je vais noter votre nom.
Jean	Monsieur Maisonnave.
Le réceptionniste	Très bien monsieur, c'est noté. Eh bien, à ce soir, monsieur.
Jean	Merci bien. A ce soir.

3

This time four friends are turning up unexpectedly . . .

Jean	Bonjour madame.
La réceptionniste	Bonjour monsieur.
Jean	Est-ce que vous avez deux chambres pour jeudi, s'il vous plaît?
La réceptionniste	Euh, que désirez-vous comme chambres, monsieur? Avec douche ou sans douche?
Jean	Oh, avec douche.
La réceptionniste	Pour combien de personnes?
Jean	Pour quatre personnes.
La réceptionniste	Quatre personnes. Alors j'ai une chambre avec un grand lit et une chambre à deux lits, avec douche.
Jean	C'est bien. Combien ça coûte?
La réceptionniste	Euh, soixante-dix cinquante (70,50F) tout compris, petit déjeuner, et service. Pour deux personnes.
Jean	Pour deux personnes. Bien, c'est parfait. Alors je les prends.
La réceptionniste	Quel est votre nom?
Jean	C'est pour Monsieur Maisonnave.
La réceptionniste	Alors très bien, merci monsieur. A jeudi.
Jean	Au revoir madame, à jeudi.

4*

With the Christmas and New Year holidays coming up, Annick and Jean decided to ask a few people about their plans: what they were going to do, what they hoped to do, what they were thinking of doing . . . First, Annick talked to a married man . . .

Annick	Qu'est-ce que vous allez faire à Noël, monsieur?
L'homme	A Noël je pense prendre quelques jours de vacances.
Annick	Où ça?
L'homme	Je vais passer quelques jours à Paris puis quelques jours en montagne avec ma famille.
Annick	Vous êtes marié?
L'homme	Oui, je suis marié.
Annick	Vous avez des enfants?
L'homme	Pas encore.

Annick	Et vous pensez acheter beaucoup de cadeaux pour Noël?
L'homme	Oui, quelques-uns.
Annick	Pour qui?
L'homme	En premier pour ma femme, ensuite pour mes parents, mes frères et soeurs, parce que nous allons tous être ensemble chez mes parents.
Annick	Et quels cadeaux attendez-vous?
L'homme	C'est toujours une surprise!
Annick	Qu'est-ce que vous allez acheter pour votre femme?
L'homme	C'est toujours très difficile, et je suis un petit peu indécis. Peut-être je vais acheter des bottes ou . . . je ne sais pas encore.
Annick	Eh bien, très bien. Merci beaucoup monsieur.

5

. . . then a woman told Jean what she and her family intended to do . . .

La femme	Nous allons fêter Noël avec les enfants, et puis faire un très bon déjeuner.
Jean	Et est-ce que vous pensez acheter beaucoup de cadeaux?
La femme	Quelques-uns, oui, mais la vie est chère.
Jean	Et pour qui alors allez-vous acheter des cadeaux?
La femme	Surtout pour, euh, mon fils, pour mon mari, mes parents, mes beaux-parents et puis quelques petits cadeaux symboliques pour mes amis.
Jean	Pour le Jour de l'An alors, qu'allez-vous faire?
La femme	Eh bien nous passons le Jour de l'An avec des amis, nous allons danser, aller au restaurant.
Jean	En somme Noël, pour vous, est-ce que c'est une fête religieuse ou familiale ou plutôt un événement commercial?
La femme	Pour moi c'est surtout une petite fête familiale.

Expressions

deux rues plus haut	*two streets further up*
petit déjeuner compris	*including breakfast*
le petit déjeuner est en plus	*breakfast is extra*
nous ne servons pas les repas	*we don't serve meals*
c'est noté	*I've made a note* (lit. *it's noted*)
je pense prendre	*I'm thinking of taking . . .*
où ça?	*where?*
quelques-uns	*a few*
en premier	*first of all*
nous allons tous être	*we're all going to be*
le Jour de l'An	*New Year's Day*

1

Like Gérard you're in a vile mood. You hate everyone and everything.

      Vous aimez **le camembert**? – Non, je **le** déteste

1 Vous aimez Jacques Brel?
2 Vous aimez la télévision?
3 Vous aimez le cinéma français?
4 Vous aimez la chasse?
5 Vous aimez les Anglais?
6 Vous aimez cet hôtel?
7 Vous aimez les blondes?
8 Vous aimez Brahms?
9 Vous aimez les self-services?
10 Vous aimez 'Ensemble'?

2

You're always in a fix. Say what you need in each situation. (The words to use: *dix francs, veste, cigarette, travail, garage, bain, argent, psychiatre, aide, tire-bouchon*)

      Your hair's too long – J'ai besoin d'**une coupe de cheveux**

1 You're broke
2 You want to open your bottle of wine
3 Your car's broken down
4 You owe the taxi driver ten francs
5 Your only jacket is threadbare
6 You're dying for a smoke
7 You think you're having a nervous breakdown
8 You're filthy dirty
9 You can't lift a heavy box on your own.
10 You're out of work

3

What are your holiday plans? Answer the journalist . . .

Le journaliste	Qu'est-ce que vous allez faire pendant les vacances?
Vous	(you're going to spend a few days in the country)
Le journaliste	Ah bon? Vous avez des amis à la campagne?
Vous	(your sister has a house in the country)
Le journaliste	Vous allez passer toutes les vacances avec votre famille?
Vous	(no; you intend spending a few days in Paris too)
Le journaliste	Pour faire du tourisme?
Vous	(for your work, but for tourism too)
Le journaliste	Qu'est-ce que vous allez faire à Paris?
Vous	(you are going to buy some books and you're going to visit the Louvre)
Le journaliste	Et le soir?
Vous	(you love the theater)
Le journaliste	Et les concerts?

Vous	(you're going to go to the *Opéra*)
Le journaliste	Et au point de vue gastronomie?
Vous	(you're thinking of eating in a little restaurant in Montmartre)
Le journaliste	Eh bien, bonnes vacances. Je vous remercie.
Vous	(you're welcome; goodbye)

4

Two friends of yours, middle aged sisters, are coming on a visit. They've asked you to book them into a nice hotel with modern plumbing . . .

Le patron	Bonjour, vous désirez?
Vous	(greetings; has he a room please?)
Le patron	Je regrette, l'hôtel est complet ce soir.
Vous	(it's for Thursday)
Le patron	Pour jeudi? Oui, jeudi, ça va. C'est pour combien de personnes?
Vous	(it's for two people)
Le patron	Alors, j'ai deux chambres, une avec cabinet de toilette, une avec salle de bains.
Vous	(you'd like one room only; has he a room with twin beds?)
Le patron	Oui, la chambre 25 a deux lits.
Vous	(perfect! How much is it?)
Le patron	La chambre 25 fait 70 francs.
Vous	(is breakfast included?)
Le patron	Oui, c'est 70 francs tout compris.
Vous	(very good; you'll take room 25)
Le patron	C'est pour une nuit seulement?
Vous	(no, it's for three nights; all right?)
Le patron	Très bien. C'est noté. C'est à quel nom?
Vous	(Mrs Beauchamp and Miss Latrombe)
Le patron	Très bien. Je vous remercie.

A propos . . .

à l'hôtel

Most French hotels charge for the room, not for the number of people occupying it. For one person there are no problems — *une chambre pour une personne* will be a single room. If it's a room for two you may have to choose between twin beds or a double bed — *une chambre à deux lits ou une chambre avec grand lit.* Virtually all rooms have a hand basin, which is sometimes screened off and called *un cabinet de toilette*, though in this case there should be a bidet as well. Generally hotel owners are more precise, and specify just what goes with the room — *une douche* (a shower), *une douche et un w.c.,* or *une salle de bains* — in which case you'll have everything. By law the price of a room must be made clear before you take it — and the price should be marked on a card on the back of the door, so there are plenty of opportunities to check.

Tout compris?

In France, as elsewhere nowadays, a number of additional charges can appear on your bill – especially in hotels and restaurants. Depending on the establishment these could include the service charge (*le service*), VAT (*la t.v.a.*) or just plain taxes (*les taxes*). If you want to be sure of exactly how much you are going to pay for a room, a meal, or hiring a car, ask: *le service est compris?* (is service included?), *le petit déjeuner est compris?* (is breakfast included?), *l'assurance est comprise?* (is insurance included?). If you're lucky you'll be quoted a price *tout compris* (all inclusive).

à la pharmacie

You'll recognize the chemist's – *la pharmacie* – by the standard signs outside: a cross or the wand of Mercury. The staff are all trained pharmacists – *pharmaciens* – and will be glad to suggest remedies for minor ailments or accidents. The actual format of the medicine will vary, for while in America medicine tends to come as pills or mixtures to be swallowed, in France there are other possibilities. Pills exist, of course – *un comprimé, un cachet* or *une pilule*. (*La pilule* usually refers to the contraceptive pill.) Suppositories are widely used too (*un suppositoire*), particularly for medicines that are liable to upset the digestive system. If *le pharmacien* sees the trouble is serious, he'll tell you you must call the doctor – *il faut appeler le médecin.*

Review

Again, as with Chapter 6, use this time to pause and review what you have learned. If you have questions, seem confused, or have forgotten anything, go back and read the material again.

Early morning in the Bois de Boulogne. A TV reporter. In the background a group of athletes.

Le reporter	Chers téléspectateurs, voilà un reportage spécial. Où êtes-vous à six heures du matin? Au lit, bien sûr. Mais tous les matins ici au Bois de Boulogne il y a des dizaines de sportifs à l'entraînement. Pourquoi? Et maintenant la réponse de ces athlètes. (*He approaches a panting athlete, Marcel.*) Télévision française. Voulez-vous répondre à quelques questions?
Marcel	Certainement. Mais je continue mes exercices.
Le reporter	Je vous en prie. Quel âge avez-vous?
Marcel	J'ai trente ans.
Le reporter	Qu'est-ce que vous faites dans la vie?
Marcel	Je suis professeur d'anatomie.
Le reporter	Vous venez ici tous les jours?
Marcel	Oui, tous les matins.
Le reporter	A quelle heure?
Marcel	A six heures et demie.
Le reporter	Vous avez du courage.
Marcel	Oui. Je fais un petit sprint dans les bois, je prends ma douche, mon petit déjeuner, et je vais au travail.
Le reporter	Comment?
Marcel	A pied, bien sûr.
Le reporter	Quel courage! Qu'est-ce que vous mangez normalement?
Marcel	Je mange beaucoup de fruits, beaucoup de biftecks et beaucoup de salades.
Le reporter	Est-ce que vous fumez?
Marcel	Ah non, je ne fume pas.
Le reporter	Et l'alcool?
Marcel	Je ne bois pas d'alcool.
Le reporter	A quelle heure allez-vous au lit?
Marcel	A dix heures juste. J'ai besoin de beaucoup de sommeil.
Le reporter	Pas de cigarettes, pas d'alcool, beaucoup de sommeil! Formidable! Et tout ça pour le sport?
Marcel	Mais non, c'est pour les femmes!

au lit	*in bed*
tous les matins	*every morning*
à l'entraînement	*out training*
quel âge avez-vous?	*how old are you?*
qu'est-ce que vous faites dans la vie?	*What do you do for a living?*
quel courage!	*what stamina!*
tout ça pour le sport?	*all that for the sake of sport?*

Un grand
ensemble, Sarcelles

1
Verbs

Here are the four commonest verbs

être	je suis	**faire**	je fais
(be)	vous êtes	(make /	vous faites
	il/elle/c'est	do)	il /elle fait
	ils/elles/sont		ils/elles font
avoir	j'ai	**aller**	je vais
(have)	vous avez	(go)	vous allez
	il /elle a		il/elle va
	ils/elles ont		ils/elles vont

2
Regular verbs

"Regular" verbs are verbs that have a common pattern. Learn one
and you know how hundreds of others work. The largest group of
regular verbs have infinitives ending in **-er**. Over fifty have appeared
in the series so far (e.g. aimer, détester, quitter, habiter, travailler).
By now you should be able to use these verbs with **je**, **il**, **elle** and
vous. The forms for **je**, **il** and **elle** are identical. The form for **vous**
ends in **-ez**.

	travailler	aimer	habiter	manger
je/il/elle	**travaille**	**aime**	**habite**	**mange**
vous	**travaillez**	**aimez**	**habitez**	**mangez**

3

A number of verbs can be used in coordination with other verbs to convey ideas like *being able, wanting, liking, needing, intending,* etc. We have introduced the following:

I'd like to	**je voudrais**	
Would you like to? *Will you?*	**voulez-vous . . .?**	
I'm going to	**je vais**	
You're going to	**vous allez**	
I like to	**j'aime**	regarder la télévision.
I'm thinking of	**je pense**	
I love	**j'adore**	
I intend to	**j'ai l'intention de**	
I need to	**j'ai besoin de**	
one can, you can	**on peut**	

4
Negatives
The basic negative is **ne . . . pas**

More precise forms:
ne . . . plus (no longer, no more)
Je **ne** vais **plus** à Paris (I don't go to Paris any more)

ne . . . jamais (never)
Je **ne** vais **jamais** à Paris (I never go to Paris)

ne . . . personne (nobody)

Mme Latrombe n'aime **personne**.
Personne n'aime Mme Latrombe.

5
Adding information to nouns
a) **quel . . . !** what a . . . !

quel, quelle, quels, quelles can be used to exclaim in general terms:
Quel homme ! *What a man !*   Quelle femme ! *What a woman !*

or more precisely, about qualities:
Quel grand homme ! *What a great man !*
Quelle jolie femme ! *What a pretty woman !*

b) **quel . . . ?** which . . . ?

quel fromage	
quelle couleur	préférez-vous?
quels vins	
quelles femmes	

c) **tout** . . . all . . .

	S	P
Masc.	tout	tous
Fem.	toute	toutes

j'adore	**tout** le jazz
	toute la famille
	tous les vins de Bourgogne
	toutes les femmes

tout on its own means "everything," and **tout le monde**
"everybody."

d) **ce** this/that

	S	P
Masc.	ce cet (before vowel)	ces
Fem.	cette	

Ce train
Cet avion
Cette voiture

Ces	voitures
	trains
	avions

6
Time
a) *periods*
aujourd'hui *today.*
tous les jours *every day.*
la semaine prochaine *next week.*
cette semaine *this week.*
la semaine dernière *last week.*
lundi prochain *next Monday.*

mardi dernier *last Tuesday.*
mercredi *Wednesday.*
jeudi *Thursday.*
le vendredi treize *Friday the 13th.*
le samedi quatorze *Saturday the 14th.*
le dimanche vingt et un *Sunday the 21st.*

b) *the time of day*

Quelle heure est-il?

– Il est quatre heures (du matin)
　　cinq heures (de l'après-midi)
　　huit heures (du soir)
　　midi
　　minuit

9h　　– neuf heures
9h05 – neuf heures cinq
9h15 – neuf heures quinze *or* neuf heures et quart
9h30 – neuf heures trente *or* neuf heures et demie
9h45 – neuf heures quarante-cinq *or* dix heures moins le quart
9h50 – neuf heures cinquante *or* dix heures moins dix

7
Directions and locations

Où est la gare

a) general direction:

C'est tout droit	straight on
C'est à droite	right
C'est à gauche	left

b) rough distance

C'est tout près	very near
C'est près	near
C'est loin	far
C'est très loin	very far

c) the distance?

C'est à cinq cents mètres	500 meters away
C'est à trois kilomètres	3 kilometers away

d) how long to get there?

C'est à dix minutes à pied	ten minutes' walk
C'est à vingt minutes en voiture	twenty minutes by car

e) which street?

Rue Jeanne d'Arc
Dans la rue Jeanne d'Arc

La première rue | à gauche
　　　　　　　　 | à droite

f) locations using prepositions

dans le musée	in the museum
sur la table	on the table
sous le lit	under the bed
devant la gare	in front of the station
derrière le garage	behind the garage
chez Mme Latrombe	at Mme Latrombe's

g) locations, using expressions with **de**

à droite de	to the right of
à gauche de	to the left of
à l'intérieur de	inside
à l'extérieur de	outside
à côté de	beside
à 100 mètres de	100 meters from

1

We thought it would be useful to hear from some French people about the conditions of everyday life: do they live in houses or apartments, do they keep pets, what domestic appliances (appareils ménagers) *do they have? First, Jean spoke to a woman who has a rather unusual pet . . .*

Jean	Pardon mademoiselle, qu'est-ce que vous faites dans la vie si ce n'est pas indiscret ?
La femme	Je suis étudiante en documentation.
Jean	Vous êtes mariée ?
La femme	Oui.
Jean	Et vous avez des enfants ?
La femme	Non, je n'ai pas d'enfants, car je suis beaucoup plus libre sans enfants.
Jean	Est-ce que vous habitez une maison ou un appartement ?
La femme	J'habite un appartement dans une très vieille maison.
Jean	Et qu'est-ce que vous avez comme pièces ?
La femme	J'ai deux pièces, une chambre et une cuisine.
Jean	Est-ce que vous avez des appareils ménagers ?
La femme	J'ai quelques appareils ménagers, par exemple un frigidaire, un couteau électrique et un mixer.
Jean	Est-ce que vous avez la télévision ?
La femme	Non, je n'ai pas la télévision, car je préfère lire le soir.
Jean	Et le téléphone ?
La femme	Non, je n'ai pas le téléphone.
Jean	Est-ce que vous avez des animaux domestiques ?
La femme	Non, je n'ai pas d'animaux domestiques. Sauf mon mari !
Jean	Et d'une façon générale, comment trouvez-vous la vie à Dijon ?
La femme	Dijon est triste car le climat est froid mais j'aime Dijon car il y a beaucoup de cinémas et d'activités culturelles. Dijon est près de Paris, c'est une petite ville charmante et pas très loin de la campagne.
Jean	Merci bien.
La femme	Au revoir monsieur.

2*

. . . then Annick talked to a working mother who likes dogs . . .

Annick	Pardon madame, vous êtes de Dijon ?
La femme	Je suis de Dijon.
Annick	Et si ce n'est pas indiscret, que faites-vous dans la vie ?
La femme	Je suis commerçante.
Annick	Oui, et vous êtes mariée ?
La femme	Je suis mariée.
Annick	Vous avez des enfants ?
La femme	J'ai deux enfants. J'habite une maison particulière avec un petit jardin.
Annick	Quelles pièces ?

La femme	J'ai une cuisine, j'ai une salle de bains, un séjour et trois chambres.
Annick	Oui, vous avez le téléphone chez vous ?
La femme	J'ai le téléphone.
Annick	Et la télévision ?
La femme	La télévision.
Annick	Un couteau électrique ?
La femme	Non, non, non, non, non.
Annick	Ou un mixer ?
La femme	Un mixer également.
Annick	Oui. Un aspirateur ?
La femme	Un aspirateur.
Annick	Vous avez des animaux domestiques ?
La femme	J'ai deux chiens.
Annick	Quelles sortes de chiens ?
La femme	J'ai un cocker noir âgé de douze ans et un petit teckel âgé de deux ans.
Annick	Oui? Merci. Comment trouvez-vous la vie à Dijon ?
La femme	La ville est très belle, elle est ancienne, elle est très agréable, et la campagne est très proche.
Annick	Eh bien, merci beaucoup madame. Au revoir madame.

3*

. . . and to a Belgian businessman who prefers living in apartments . . .

Annick	Pardon monsieur, vous êtes de Dijon ?
L'homme	Non, je ne suis pas de Dijon. Je suis bruxellois.
Annick	Ah vous êtes de Bruxelles.
L'homme	C'est ça. Je suis belge.
Annick	Oui, et si ce n'est pas indiscret, que faites-vous dans la vie ?
L'homme	Je suis directeur d'une firme.
Annick	Vous êtes marié, célibataire ?
L'homme	Non, marié.
Annick	Vous êtes marié. Vous avez des enfants ?
L'homme	Un. Un petit garçon.
Annick	Oui, et vous habitez un appartement ou une maison ?
L'homme	Un appartement ici à Dijon, et un appartement à Bruxelles également.
Annick	Et par exemple à Dijon, vous avez quelles pièces dans votre appartement?
L'homme	C'est un F.3 (trois) c'est à dire trois pièces habitables — une salle de séjour et une chambre et une cuisine.
Annick	Oui. Vous avez le téléphone chez vous ?
L'homme	Oui, j'ai le téléphone.
Annick	Et la télévision ?
L'homme	Et la télévision également. Je suis un grand adepte de la télévision.
Annick	Qu'est-ce que vous avez comme appareils ménagers chez vous ?
L'homme	Machine à laver, télévision. Machine à laver la vaisselle, non.

Annick	Non. Frigidaire?
L'homme	Frigidaire.
Annick	Aspirateur?
L'homme	Aspirateur, oui.
Annick	Mixer?
L'homme	Mixer, oui.
Annick	Vous avez des animaux domestiques?
L'homme	Non, je n'ai pas d'animaux parce que les animaux ne sont pas heureux dans un appartement.
Annick	Comment trouvez-vous la vie à Dijon?
L'homme	Très agréable. C'est une ville, euh, très touristique.
Annick	Bon, eh bien merci beaucoup monsieur.
L'homme	Mais de rien madame.

Expressions

qu'est-ce que vous faites/que faites-vous dans la vie?	*what do you do for a living?*
en documentation	*in librarianship*
qu'est-ce que vous avez comme...?	*what do you have in the way of...?*
sauf mon mari	*except for my husband*
d'une façon générale	*generally speaking*
comment trouvez-vous?	*how do you find...?*
âgé de douze ans	*twelve years old*
de rien	*not at all, you're welcome*

Try your skill

1

Choose the appropriate words or expressions to complete these sentences:

1 Vous aimez le rôti de boeuf?–Ah non, je | voudrais / déteste / préfère | toutes les viandes.

2 Est-ce qu'on | a / aime / peut | garer la voiture ici | s'il vous plaît? / si vous voulez. / je vous en prie.

3 J'ai l'intention d' | il y a / acheter / a | beaucoup | des / de / les | cadeaux.

4 Je voudrais | chez madame Latrombe. / du pain. / de pain.

5 Vous allez | aux / à la / au | restaurant? | Bon appétit! / Bon voyage! / Photos interdites!

6 Pardon, quelle heure | est-il? / est-elle? / peut-on? | Il y a / Ça fait / Il est | sept heures.

7 Voulez-vous du café? | Non, je ne vais plus au café. / Là-bas, à côté de la gare. / Oui, s'il vous plaît.

8 Vous aimez | le / du / la | beaujolais? Oui, mais je | préférez / préfère / préférer | le café.

9 Quand est-ce qu'on peut | visitez le musée? / visiter le musée? / le musée? | Oui, bien sûr. / Tous les jours. / Avec Mme Latrombe.

10 Vous avez besoin de | un / - / le | café?

11 Si vous voulez des cartes | postal, / postales, / postale, | allez | à / aux / au | grands magasins.

12 Où est-ce qu' | je / Jean / on | peut manger par ici? | Au restaurant Griffon. / Tout droit. / A huit heures.

13 Où | est / sont / il y a | les grands magasins? | Le / Des / Les | voilà, là-bas.

14 Je | voudrais / ne sais pas / vais | chez mes parents avec | mon / ma / mes | mari.

15 Où / Qui / Quand | Allez-vous? Je pense | aller à la campagne. / aller. / la campagne.

16 La pharmacie est | entre / à gauche / parce que | l'épicerie et le cinéma.

17 Où est mon sac? – Voici | mes / vos / votre | sac.

18 Toutes les / Toute / Tous les | champagnes sont chers.

19 Vous allez au lit | qui? / à quelle heure? / combien?

20 Vous avez / Faites-vous / Voulez-vous | répondre à | cette / ces / cet | questions?

21 Quel / Quelles / Quels | sont vos actrices | préféré? / préférés? / préférées?

22 Je voudrais / Je préfère / J'ai l'intention | d'acheter une | grande / grands / grand | voiture.

23 Je | déteste / aime / adore | les betteraves. | Quels / Quel / Quelle | horreur!

24 Je vais | aller / prendre / à Paris | une semaine de vacances.

25 Voulez-vous | votre / vos / vous | billets?

26 Je voudrais manger. J'ai | faim. / froid. / trois enfants.

27 Les maisons modernes? Je ne | la / l' / les | aime pas.

28 Monsieur Delambre travaille | tous / tous les / tout le | matins.

29 L'avenue Molière? Vous allez | la gare. / tout droit. / la rue à gauche.

30 Le / Combien / Quel | numéro voulez-vous?

31 Il y a un musée dans | ce / cet / cette | ville?

32 La rue Bonaparte? C'est | le / la / les | première / deuxième / premier | à droite.

33 C'est loin? | Non, c'est à cinq cents mètres. / Oui, c'est tout près. / Non, il est midi et demi.

34 Quand / Qui / Où | habitez-vous? Rue | des / du / de la | Grande Armée.

35 Je n'ai plus | de l' / de / d' | argent. Alors, qu'est-ce que je vais | téléphoner? / laisser un message? / faire?

36 Qu'est-ce que | préférez-vous? / vous préférez? / préférez? | J'aime surtout | la / du / cet | musique classique.

37 Ils / Vous / On | peut fumer | de rien merci? / s'il vous plaît?

128

	Voulez		je?
38	Voudrais	-vous danser avec	il?
	Préfère		moi?

		trois cafés	
39	Est-ce qu'on peut	manger ici	s'il vous plaît?
		rien	

		moi?
40	Est-ce que vous avez l'intention de	un kilo de bananes?
		travailler ce soir?

2

A couple are at the railway information desk finding out about train times. Can you rearrange these sentences to form a coherent dialogue?

A	**Les clients**	1	Oui – et quand est-ce qu'on arrive à Digne?
B	**L'employé**	2	C'est ça!
C	**La cliente**	3	Pour aller à Digne, s'il vous plaît?
D	**L'employé**	4	Alors, vous avez un train à 10 heures, avec changement à Marseille.
E	**La cliente**	5	Bonjour monsieur.
F	**L'employé**	6	Très bien, on arrive à l'heure du déjeuner.
G	**La cliente**	7	Digne, oui. Matin ou soir?
H	**L'employé**	8	Bonjour messieurs-dames. Vous désirez?
I	**La cliente**	9	Merci bien, monsieur. Au revoir.
J	**L'employé**	10	Vous êtes à Digne à treize heures quinze.
K	**La cliente**	11	Le matin, si c'est possible.
L	**L'employé**	12	Au revoir, messieurs-dames.

3

Fill in the gaps in this text.

Missing elements:

séjour	je voudrais	de la	il y a
près	on peut	besoin	préfère
en médecine	travaille	suis	déteste
du	j'habite	salle	

Madame Z. parle de sa vie . . .

Mon mari _____dans une banque et je _____étudiante _____. _____ un petit appartement dans une maison ancienne, près _____centre _____ville. _____ deux pièces: une petite chambre et une salle de _____, avec, bien sûr, une cuisine et une___ de bains. _____ un appartement plus grand ou une maison – je _____ habiter une maison. Mais l'appartement est tranquille et _____ de mon travail: _____partir le matin dix minutes avant le travail, et on n'a pas _____de prendre l'autobus – je_____ l'autobus le matin!

chez nous

The general word for a room is *une pièce. Une salle* is usually a large hall for meetings or concerts, although it is also used for rooms for specific activities: *une salle à manger* (a dining room), and *une salle de bains* (a bathroom). *Une chambre* is reserved for bedrooms. So if you want to say nice things about your hostess's drawing room the word you use is *une pièce – Quelle pièce agréable*! The other main rooms in most houses and flats are *l'entrée* (entrance hall) which leads to *la cuisine* (kitchen), *les chambres, la salle de bains* and *la salle à manger.* There is some indecision about the living room: if it's a drawing room, then it's called *le salon,* but if it's more informal in style it's *la salle de séjour,* usually shortened to *le séjour,* or sometimes *le living-room* or *le living.* (Attempts were made to introduce *le vivoir* to avoid franglais, but somehow it never caught on.)

Un F3

This is the *official* description of an apartment which has three rooms in addition to the kitchen and bathroom. On the whole, French apartment dwellers are more likely to describe their apartments in terms of square meters (*mètres carrés*) of floor area—or as *un F2, F3* etc.—than to talk about the number of bedrooms.

les animaux domestiques

Traditionally the English are supposed to be the most pet-conscious nation in the world. But according to the latest statistics, the country at the top of the pet league is now France, with an estimated minimum pet population of 8 million cats and $6\frac{1}{2}$ million dogs, not counting canaries, hamsters, boa constrictors . . .

La rive droite . . .

la rive droite – la rive gauche

Paris began as a small settlement on an island in the middle of the Seine – now *l'Ile de la Cité.* As the city grew it spread out on both sides of the river. The right bank (*la rive droite*) held the main royal palaces and, consequently, became the business center, while the left bank (*la rive gauche*) grew up round the university, la Sorbonne. Of course, there is no longer such a clear-cut distinction between the two sides of the river, but the financial centers are still mainly on *la rive droite*, while *la rive gauche* is still associated with intellectual and artistic life.

. . . et la rive gauche

Adjectives

Adjectives show gender and number in various ways.

1

Gender : masculine and feminine

A. No change in spelling or pronunciation : singular forms ending in –e are the same for masculine and feminine.
calme facile grave honnête riche simple

un homme honnête
une femme honnête
un problème simple
une question simple

B. The spelling changes, but not the pronunciation: When the masculine ends in –u, i–, or –é, add an –e to form the feminine.

bleu	bleue
désolé	désolée
joli	jolie

NB Masculine final –el becomes –elle in the feminine

naturel	naturelle
spirituel	spirituelle

C. The spelling and pronunciation both change:

a. The most common change is for adjectives to add an –e in the feminine. This involves pronouncing the final consonant, which is silent in the masculine.

content	contente
grand	grande
gratuit	gratuite
gris	grise
petit	petite
vert	verte

and adjectives ending in the suffixes:
–ant   –ais   –ois

charmant	charmante
français	française
bruxellois	bruxelloise

b. Some adjectives double the final consonant *and* add –e to form the feminine:

gros	grosse
bon	bonne
moyen	moyenne

c. Others involve a change in the whole final syllable:

indiscret	indiscrète
inquiet	inquiète
premier	première

d. And with some adjectives an –e is added to form the feminine and the final consonant is changed too:

actif	active
blanc	blanche
doux	douce
heureux	heureuse

2

Number : singular and plural

Most plurals are formed by adding –s (which is not pronounced).
un homme riche
deux hommes riches

When the singular ends in –s or –x there is no change.
un homme heureux
deux hommes heureux

There are some special cases. The commonest are:

nouveau :

	S	P
M	nouveau (nouvel before vowel)	nouveaux
F	nouvelle	nouvelles

vieux :

	S	P
M	vieux (vieil before vowel)	vieux
F	vieille	vieilles

Numbers

1 un, une	28 vingt-huit
2 deux	29 vingt-neuf
3 trois	30 trente
4 quatre	31 trente et un*
5 cinq	32 trente-deux
6 six	40 quarante*
7 sept	50 cinquante*
8 huit	60 soixante*
9 neuf	70 soixante-dix
10 dix	71 soixante et onze
11 onze	72 soixante-douze
12 douze	73 soixante-treize
13 treize	77 soixante-dix-sept
14 quatorze	80 quatre-vingts[†]
15 quinze	81 quatre-vingt-un
16 seize	82 quatre-vingt-deux
17 dix-sept	90 quatre-vingt-dix
18 dix-huit	91 quatre-vingt-onze
19 dix-neuf	99 quatre-vingt-dix-neuf
20 vingt	100 cents[†]
21 vingt et un*	101 cent un
22 vingt-deux	
23 vingt-trois	200 deux cents
24 vingt-quatre	201 deux cent un
25 vingt-cinq	220 deux cent vingt
26 vingt-six	500 cinq cents
27 vingt-sept	550 cinq cent cinquante
	1000 mille

Using numbers in French is quite simple. As you can see from the listing given above, numbers 1-16 are words you need to learn; numbers 17 and higher are combinations of the basic numbers with slight variations. *When forming numbers 21, 31, 41, 51, 61, use *et;* for example, *vingt et un, trente et un,* and so forth. For other numbers in the twenties, thirties, forties, fifties, and sixties, simply pair the "tens" quantity with the appropriate "ones" number; for example, *vingt-deux, trente-deux,* and so forth.

To make numbers falling in the range from 70 to 79, you say the equivalent of "sixty + ten, sixty + eleven," and so forth; for example, (70) *soixante-dix,* (71) *soixante et onze.* To make numbers in the eighties, you must say "four (times) twenty (plus) ____"; for example, (81) *quatre-vingt-un,* (82) *quatre-vingt-deux,* and so on. For numbers in the nineties, you continue with "four (times) twenty (plus) ten, eleven, etc." For example, (91) *quatre-vingt-onze,* (92) *quartre-vingt-douze.*

[†]*cent* and *quatre-vingt* take an *s* at the end when they stand alone.

Answers to exercises

Chapter 1

1
1 C'est une poule.
2 C'est un chanteur.
3 C'est un gendarme.
4 C'est un musicien.
5 C'est une princesse.
6 C'est une carte d'identité.
7 C'est un poulet.
8 C'est un acteur.
9 Je ne sais pas.

2
2 Non, ce n'est pas un poulet, c'est un chanteur.
3 Non, ce n'est pas une carte d'identité, c'est un gendarme.
4 Non, ce n'est pas un acteur, c'est un musicien.
5 Non, ce n'est pas un musicien, c'est une princesse.
6 Non, ce n'est pas un chanteur, c'est une carte d'identité.
7 Non, ce n'est pas une poule, c'est un poulet.
8 Non, ce n'est pas un gendarme, c'est un acteur.

3
2 Non, ce n'est pas Brigitte Bardot, c'est Maurice Chevalier.
3 Non, ce n'est pas le prince Charles, c'est Napoléon.
4 Non, ce n'est pas Charlie Chaplin, c'est Charles de Gaulle.
5 Non, ce n'est pas Pablo Picasso, c'est le prince Charles.
6 Oui, c'est Grace Kelly.
7 Non, ce n'est pas Napoléon, c'est Charlie Chaplin.
8 Non, ce n'est pas Charles de Gaulle, c'est Pablo Picasso.

4
1 Qu'est-ce que c'est ?
2 Qui est-ce ?
3 Qui est-ce ?
4 Qu'est-ce que c'est ?
5 Qu'est-ce que c'est ?
6 Qui est-ce ?
7 Qui est-ce ?
8 Qu'est-ce que c'est ?
9 Qui est-ce ?
10 Qu'est-ce que c'est ?

5
1 Bonjour madame.
2 Bonjour mesdames.
3 Bonjour monsieur.
4 Au revoir madame, au revoir monsieur (*or* au revoir messieurs-dames).
5 Au revoir messieurs, merci.
6 Bonsoir mademoiselle.
7 Bonsoir madame.

Chapter 2

1

1 Oui, Jeanne d'Arc est française.
2 Non, Gréta Garbo n'est pas française.
3 Oui, Louis XIV est français.
4 Oui, Louis Pasteur est Français.
5 Non, Ingmar Bergman n'est pas français.
6 Oui, Victor Hugo est français.
7 Oui, Madame de Pompadour est française.
8 Oui, Charles Aznavour est français.
9 Non, Marlène Dietrich n'est pas française.
10 Oui, l'inspecteur Maigret est français.

2

1 Oui, elle est de Versailles.
2 Non, il n'est pas de Brest. Il est de Dijon.
3 Non, elle n'est pas d'Orange. Elle est de Toulouse.
4 Oui, elle est de Toulon.
5 Non, il n'est pas de Bordeaux. Il est de Lille.
6 Oui, elle est d'Alençon.
7 Oui, Madame de Pompadour est française.
8 Non, elle n'est pas de Nice. Elle est d'Orléans.
9 Non, il n'est pas de Rennes. Il est de Cherbourg.
10 Non, je ne suis pas de Paris. Je suis de . . . (your town).

3

2 Mademoiselle Bonsoins est infirmière.
3 Monsieur Pinceau est artiste.
4 Mademoiselle Bûche est étudiante.
5 Monsieur Béton est architecte.
6 Madame Charme est sorcière.
7 Monsieur Potasse est étudiant.
8 Monsieur Bémol est musicien.

4

1 Je m'appelle Bernard.
2 Non, je ne suis pas de Paris. Je suis de London.
3 Oui, je suis anglais.
4 Je suis marié.
5 Non, je ne suis pas artiste. Je suis philosophe.
6 Non, je ne suis pas riche.

5

1 Non, je ne suis pas français. Je suis anglais.
2 Non, je ne suis pas de Londres. Je suis de Manchester.
3 Oui, je suis en vacances à Monte Carlo.
4 Non, je ne suis pas marié.
5 Je m'appelle Martin.

6

1 Madame Dufour n'est pas intelligente.
2 Monsieur Frappier n'est pas charmant.
3 Mademoiselle Hennebique n'est pas amoureuse.
4 Monsieur Jérôme n'est pas content.
5 Madame Martin n'est pas morte.
6 Monsieur Oscar n'est pas furieux.
7 Madame Quentin n'est pas galante.
8 Monsieur Séguy n'est pas heureux.
9 Madame Valentin n'est pas bruyante.

Chapter 3

1

1 Pardon, il y a une banque par ici ?
2 Pardon, il y a un hôtel par ici ?
3 Pardon, il y a un garage par ici ?
4 Pardon, il y a une pharmacie par ici ?
5 Pardon, il y a un terrain de camping par ici ?
6 Pardon, il y a une épicerie par ici ?
7 Pardon, il y a un supermarché par ici ?
8 Pardon, il y a un grand magasin par ici ?

2

1 Le garage est place de la Cathédrale.
2 Oui, il y a une épicerie rue Diderot.
3 Les grands magasins sont rue de la République.
4 Oui, il y a un restaurant rue Diderot.
5 Le musée est place Voltaire.
6 Oui, il y a une pâtisserie rue Condillac.
7 Oui, il y a un supermarché place de la Gare.
8 Les cafés sont place Voltaire.

1 Il y a un restaurant par ici ?
2 Il y a une pâtisserie par ici ?
3 Où est le musée ?
4 C'est loin ?
5 Où sont les cafés ?
6 Il y a un supermarché par ici ?
7 Il y a une pharmacie par ici ?

3

Tourist 1
Oui, il y a un cinéma rue de la République.
Non, à deux minutes à pied.
Tourist 2
Oui, juste en face, là.
Je vous en prie (*or* De rien).
Tourist 3
Oui, pas loin.
Le garage est place de la Cathédrale.
Non, par là.

4

Excusez-moi, madame, il y a (*or* est-ce qu'il y a) une pharmacie par ici?
C'est loin ?
Merci — par là?
Merci. Au revoir madame.

Excusez-moi, mademoiselle, il y a (*or* est-ce qu'il y a) un hôtel par ici?
C'est loin ?
Où est la rue de la République?
Bon, merci, au revoir mademoiselle

Pardon, où est la gare s'il vous plaît ?
Où est la place de la Gare? C'est loin ?
Merci, au revoir.

5

1 Le voilà.   2 Les voilà.   3 Les voilà.
4 La voilà.   5 Le voilà.   6 La voilà.   7 La voilà.

Chapter 4

1

1 Oui, je voudrais un kilo de beurre s'il vous plaît.
2 Oui, je voudrais une tranche de pâté s'il vous plaît.
3 Oui, je voudrais une bouteille de vin s'il vous plaît.
4 Oui, je voudrais un peu de gruyère s'il vous plaît.
5 Oui, je voudrais cinq bouteilles de champagne s'il vous plaît.
6 Oui, je voudrais un litre de bière s'il vous plaît.
7 Oui, je voudrais un peu d'aligoté s'il vous plaît.
8 Oui, je voudrais deux kilos de bananes s'il vous plaît.
9 Oui, je voudrais quatre brioches s'il vous plaît.
10 Oui, je voudrais trois croissants s'il vous plaît.

2

1 Désolé, je n'ai pas de sardines.
2 Désolé, je n'ai pas de confiture.
3 Désolé, je n'ai pas de champagne.
4 Désolé, je n'ai pas de bière.
5 Désolé, je n'ai pas de croissants.
6 Désolé, je n'ai pas de brioches.
7 Désolé, je n'ai pas d'aligoté.
8 Désolé, je n'ai pas de bananes.
9 Désolé, je n'ai pas de vin ordinaire.
10 Désolé, je n'ai pas de cuisses de grenouilles.

3

Un café et un thé s'il vous plaît.
Café crème (*or* café au lait), s'il vous plaît. Vous avez
(*or* avez-vous) des croissants?
Je voudrais du pain, du beurre et un peu de confiture
   s'il vous plaît.
C'est ça. Merci.

4

Bonjour madame.
Je voudrais des bananes s'il vous plaît.
Ça fait combien? (*or* c'est combien?)
Ça va, merci.
Je voudrais du beurre.
Oui, c'est ça.
Vous avez (*or* avez-vous) du pain?
Oui, s'il vous plaît. Et je voudrais une bouteille de vin s'il vous plaît.
C'est combien le beaujolais?
Ça va.
C'est tout merci.
Voilà (or *voici*) vingt francs.
Merci, au revoir.

5

1.E 2.F 3.D 4.B 5.G 6.I 7.H 8.A 9.C

Chapter 5

1

1 Oui, il est comique.
2 Oui, elle est américaine.
3 Oui, elle est élégante.
4 Oui, elle est petite.
5 Oui, il est noir.

1 Non, elle n'est pas grande.
2 Non, elle n'est pas dynamique.
3 Non, il n'est pas intelligent.
4 Non, il n'est pas français.
5 Non, il n'est pas cher.

2

1 Il est grand aussi.
2 Elles sont contentes aussi.
3 Elle est forte aussi.
4 Ils sont sérieux aussi.
5 Elles sont excellentes aussi.
6 Elles sont contentes aussi.
7 Elle est heureuse aussi.
8 Elle est excellente aussi.

3

1 Je voudrais la grande tasse de café.
2 Je voudrais la grande bouteille de vin rouge.
3 Je voudrais le poulet à vingt francs.
4 Je voudrais la tarte aux pommes.
5 Je voudrais le grand pot de moutarde au vin blanc.
6 Je voudrais la grosse voiture américaine.
7 Je voudrais la grosse boîte de sardines à l'huile.

4

Un grand café noir.
Deux petits chocolats.
Et un petit café au lait (*or* café crème).
Non — deux petits chocolats et un grand café noir.
Vous avez (*or* avez-vous) des croissants?
Quatre s'il vous plaît.
Merci.

5

Bonjour monsieur.
Un kilo de sucre s'il vous plaît.
Je voudrais des yaourts.
Quatre pots de yaourt à la mandarine s'il vous plaît.
Je voudrais des sardines s'il vous plaît.
A la tomate.
Trois boîtes s'il vous plaît.
C'est tout.
Voilà (*or voici*) vingt francs.
Merci. Au revoir.

Try your skill

1

Check you answers to the test on p. 64. Where possible we have given page references so that you can look up and revise anything you are uncertain about.

1 C'est *Catherine Deneuve.* (*Questions and answers* p. 10)
2 Monsieur Lécuyer est *architecte.* (*Professions* p. 20)
3 Vous avez *de la bière?* (*some/any* p. 39)
4 *Joseph Bertin.* (*Titles* p. 18)
5 Madame Saran est *française.* (*Description* p. 20)
6 *Je voudrais* un litre de bière s'il vous plaît. (*You asked for it . . .* p. 39)
7 *Un paquet de café.* (*Questions and answers* p. 10)
8 *Je m'appelle* Sylvie Legrand. (*Personal information* p. 19)
9 *Elle est grande et élégante.* (*Description* p. 20)
10 *Un grand café noir s'il vous plaît.* (*More about shopping* p. 40)
11 *Il y a une pharmacie dans le quartier s'il vous plaît.* (*Availability* p. 29)
12 *Ça fait combien?* (*More about shopping* p. 40)
13 *Place Voltaire.* (*Locations* p. 30)
14 *C'est tout droit.* (*Locations* p. 30)
15 *Comment vous appelez-vous?* (*Titles* p. 18)
16 *Je vous en prie.* (*Thanks* p. 31)
17 *Ça fait douze francs.* (*More about shopping* p. 40)
18 *Non, je suis de Paris.* (*Personal information* p. 19)
19 Monsieur et Madame Lebrun *sont* français. (*Singular and plural* p. 31)
20 *Oui, près de la gare.* (*Locations* p. 30)

21 *Oui, bien sûr.* (*Expressions* p. 11)
22 *Je n'ai plus de pain.* (*Some/any* p. 39)
23 *L'architecte* est *anglais.* (*Description* p. 20)
24 Je voudrais *du* pain s'il vous plaît. (*Some/any* p. 39)
25 Où *est* la gare? Je ne *sais* pas. (*Locations* p. 30 and *Je ne sais pas* p. 15)
26 *Je n'ai pas de croissants.* (*Some/any* p. 39)
27 Avez-vous du yaourt *à la* framboise s'il vous plaît? (*What's in it* p. 50)
28 Désolé, je n'ai plus *de* yaourts. (*Some/any* p. 39)
29 Est-ce qu'*il y a* un café près d'ici? (*Availability* p. 29)
30 *Très bien, merci.* (*Ça va* p. 35)

2

Monsieur et Madame Dumas sont *français.* Ils *sont* de Dijon. Monsieur Dumas *est* architecte et Madame Dumas est *dentiste,* alors *ils* sont assez *riches.* La maison des Dumas est *grande*; *elle* est à l'extérieur *de la* ville. *C'est* une maison moderne avec *un* grand salon, *une* salle à manger et quatre *grandes* chambres. Près de la maison *il y a* un garage pour deux *voitures.*

3

Madame Dumas est à l'épicerie.

Bonjour *monsieur.*
Bonjour madame. *Vous désirez?*
Je voudrais *de la* bière s'il vous plaît.
Un litre *de* bière, ça va?
Très bien, merci. *Avez-vous* des bananes?
Voici un kilo de bananes. Et avec ça?
Je voudrais aussi *des* sardines.
Désolé, madame, *je n'ai plus* de sardines.
Tant pis. Oh, je voudrais *de la moutarde.*
J'ai *de la* moutarde forte ou de la moutarde *douce.*
Un petit pot de moutarde forte, alors.
Voilà madame. C'est tout?
Oui, c'est tout. Merci, ça fait *combien?*
Quatorze francs s'il *vous plaît.*
Voilà cent francs.
Vous avez de la monnaie?
Désolée, je n'ai pas *de* monnaie. Ah *si*! Voici vingt francs.
Ça va mieux! Voici six francs. *Merci madame.* Au revoir.
Au revoir, monsieur.

Chapter 7

1

1 Oui, je voudrais aller à Dijon.
2 Oui, je voudrais marcher dans les vieilles rues.
3 Oui, je voudrais visiter le Musée des Beaux-Arts.
4 Oui, je voudrais voir le Palais des Ducs.
5 Oui, je voudrais acheter de la moutarde.
6 Oui, je voudrais boire du vin de Bourgogne.
7 Oui, je voudrais bien manger.

2

1 Comment, vous voulez aller à Paris?
2 Comment, vous voulez acheter une robe de Dior?

3 Comment, vous voulez marcher sur les quais de la Seine?
4 Comment, vous voulez visiter les musées?
5 Comment, vous voulez voir les magasins?
6 Comment, vous voulez monter au Sacré Coeur?
7 Comment, vous voulez parler au Président?
8 Comment, vous voulez manger au restaurant?
9 Comment, vous voulez danser avec Sacha Distel?
10 Comment, vous voulez être Jean-Paul Sartre?

3

1 Oui, voici ma carte d'identité.
2 Oui, voici mes chaussettes.
3 Oui, voici mon pantalon.
4 Oui, voici ma veste.
5 Oui, voici mon argent.
6 Oui, voici mon passeport.
7 Oui, voici mes cigarettes.
8 Oui, voici mon sac.
9 Oui, voici mon plan.
10 Oui, voici ma pellicule.

4

J'ai rendez-vous avec Madame Labiche.
C'est de la part de Madame Doubs.
Oui, bien sûr.
Oui, merci. Où est le bureau s'il vous plaît?
Au troisième étage? Est-ce qu'il y a (*or* il y a) un ascenseur?
Merci. Au revoir.

5

Je voudrais parler à Monsieur Papeau s'il vous plaît.
C'est de la part de Madame Doubs.
Oui, à neuf heures.
Bien sûr, merci.

6

Je voudrais voir Mademoiselle Désirée s'il vous plaît.
C'est de la part de Madame Doubs.
Je voudrais laisser un message s'il vous plaît.
Merci. Voici le message.
Au revoir.

Chapter 8

1

1 Non, le cinéma est près du théâtre.
2 Non, la gare est à gauche du Syndicat d'Initiative.
3 Oui, la mairie est loin du Syndicat d'Initiative.
4 Non, le café est près de la mairie.
5 Non, le Syndicat d'Initiative est près de la gare.
6 Non, le théâtre est près de l'église.
7 Oui, le Syndicat d'Initiative est à droite de la gare.
8 Non, le café est près du théâtre.
9 Oui, le cinéma est près du café.
10 Non, l'église est loin du Syndicat d'Initiative.

2

1 Pour aller à Dijon vous prenez le bus et le train.
2 Pour aller à Londres vous prenez le métro et le bateau.
3 Pour aller au port vous prenez le métro.
4 Pour aller à Chaviray vous prenez le car.
5 Pour aller à Montmirail vous prenez l'autoroute.

6 Pour aller à New York vous prenez le métro et l'avion.
7 Pour aller à l'aéroport vous prenez le métro.

3

1 Le bateau va du port à Londres.
2 Le car va du centre ville à Chaviray.
3 L'avion va de l'aéroport à New York.
4 L'autoroute va du centre ville à Montmirail.
5 Le train va de la gare à Dijon.
6 Le métro va du centre ville à l'aéroport et au port.

4

1 Vous allez à la gare? Prenez le bus.
2 Vous allez à Montmirail? Prenez l'autoroute.
3 Vous allez à Chaviray? Prenez le car.
4 Vous allez à l'aéroport? Prenez le métro.
5 Vous allez à New York? Prenez le métro et l'avion.
6 Vous allez à Dijon? Prenez le bus et le train.

5

Pardon (*or* excusez-moi) madame, pour aller à la route de Dijon s'il vous plaît?
Oui, tout droit et aux feux rouges à gauche.
C'est indiqué?
Bon. C'est simple. Merci. Au revoir.

6

Dans le quartier, non (*or* Pas dans le quartier) mais il y a une pharmacie place Poincaré.
Non, c'est très (*or* tout) près. A cinq minutes à pied.
Vous traversez la rue de la République, vous prenez l'avenue
Eugénie, c'est la première à droite, puis la place Poincaré est à cinq cents mètres.
Oui. C'est ça.
Je vous en prie (*or* de rien).

7

Vous êtes en voiture?
A dix minutes en voiture.
Vous prenez l'avenue de la République, à la gare vous tournez à droite, vous tournez à gauche à la place Gambetta — et puis c'est tout droit.
C'est indiqué à la gare.
Je vous en prie (*or* De rien).

Chapter 9

1

1 Non, je déteste aller à la mer.
2 Oui, j'adore faire la cuisine.
3 Oui, j'adore les aubergines.
4 Non, je déteste marcher sur les quais de la Seine.
5 Oui, j'adore le jazz.
6 Oui, j'adore regarder la télévision.
7 Non, je déteste danser.
8 Oui, j'adore manger des plats français.
9 Non, je déteste aller au café.
10 Non, je déteste voyager.

2

1   J'aime tout le jazz.
2   J'aime toute la viande.
3   J'aime toute la France.
4   J'aime toute la cuisine française.
5   J'aime tous les plats régionaux.
6   J'aime tous les légumes.
7   J'aime tout le cinéma américain.
8   J'aime tous les gâteaux.
9   J'aime toute la littérature française.
10 J'aime toute la période "Swing."

3

J'aime tout
Oui, j'aime assez faire la vaisselle.
Je n'aime pas beaucoup (*or* trop) faire les lits.
J'adore faire la cuisine.
J'aime faire des plats régionaux.
La cuisine française — les escargots, le coq au vin, les tartes.
Je n'aime pas beaucoup (*or* trop) la viande.
Ah non! Je n'aime pas du tout les oeufs.

4

Vous aimez la musique?
Quel est votre compositeur préféré?
Et les compositeurs français?
Vous aimez la musique romantique, n'est-ce pas?
J'aime la musique moderne.
Un peu, oui, mais je préfère Bartok et Gershwin.
Oui — mais Gershwin est très romantique.
J'adore le théâtre classique.
J'aime aussi Racine.
J'aime assez Pinter mais je préfère Ionesco. Vous aimez Brecht?
Je déteste Brecht.

5

Je n'aime pas le poulet rôti.
Je ne mange pas le coq au vin.
Je déteste le steak.
Je n'aime pas du tout la sole.
Pas beaucoup (*or* pas trop).
Pas du tout.
Pas beaucoup (*or* pas trop).
Oui!
J'adore les courgettes au gratin.
Quelle bonne idée! Merci. Et de l'eau s'il vous plaît.

Chapter 10

1

1   Est-ce qu'on peut fumer?
2   Est-ce qu'on peut voir le menu?
3   Est-ce qu'on peut avoir une bouteille de beaujolais?
4   Est-ce qu'on peut acheter des timbres dans un bureau de tabac?
5   Où est-ce qu'on peut acheter des cartes postales?
6   Où est-ce qu'on peut garer la voiture?

7 Où est-ce qu'on peut jouer à la pétanque ?
8 Où est-ce qu'on peut manger dans le quartier ? (*or* par ici)
9 Quand est-ce qu'on peut visiter la cathédrale ?
10 Quand est-ce qu'on peut parler à Monsieur Dutronc?
11 Quand est-ce qu'on peut téléphoner au bureau de poste (*or* à la poste)?
12 Quand est-ce qu'on peut aller au théâtre ?

2

1 On ne peut pas danser dans un musée.
2 On ne peut pas manger un steak dans un cinéma.
3 On ne peut pas aller à la chasse dans un parking.
4 On ne peut pas jouer à la pétanque dans une gare.
5 On ne peut pas acheter des timbres dans un train.
6 On ne peut pas jouer du piano dans un bureau de poste.
7 On ne peut pas aller au lit dans un supermarché.
8 On ne peut pas garer la voiture sur la pelouse.

3

Où est le bureau de poste (*or* la poste) s'il vous plaît?
Alors où est-ce qu'on peut acheter des timbres s'il vous plaît?
Est-ce qu'il y a (*or* il y a) un bureau de tabac dans le quartier ? (*or* par ici)
C'est loin ?
Bon, merci. Au revoir.

4

Je voudrais dix timbres à un franc s'il vous plaît.
Oui, bien sûr. Je voudrais vingt timbres à cinquante centimes.
Je voudrais un paquet de cigarettes aussi.
Un paquet de cigarettes anglaises avec filtre, s'il vous plaît.
C'est tout. Ça fait (*or* c'est) combien ?
Voilà quinze francs.
Merci, au revoir.

5

Le train de Toulouse arrive à quelle heure s'il vous plaît?
Sept heures moins le quart, c'est ça ?
A quel quai s'il vous plaît ?
Merci. Et pour aller à Aix s'il vous plaît ?
Je préfère le matin.
Il est direct ?
Le train arrive à Aix à quelle heure s'il vous plaît ?
Est-ce qu'il y a (*or* il y a) un wagon-restaurant ?
Merci, au revoir.

Chapter 11

1

1 Non, je le déteste.
2 Non, je la déteste.
3 Non, je le déteste.
4 Non, je la déteste.
5 Non, je les déteste.
6 Non, je le déteste.
7 Non, je les déteste.
8 Non, je le déteste.
9 Non, je les déteste.
10 Non, je le déteste.

2

1 J'ai besoin d'argent.
2 J'ai besoin d'un tire-bouchon.
3 J'ai besoin d'un garage.
4 J'ai besoin de dix francs.
5 J'ai besoin d'une veste.
6 J'ai besoin d'une cigarette.
7 J'ai besoin d'un psychiatre.
8 J'ai besoin d'un bain.
9 J'ai besoin d'aide.
10 J'ai besoin de travail.

3

Je vais passer quelques jours à la campagne.
Ma soeur a une maison à la campagne.
Non. J'ai l'intention de passer quelques jours à Paris aussi.
Pour mon travail mais pour le tourisme aussi.
Je vais acheter des livres, et je vais visiter le Louvre.
J'adore le théâtre.
Je vais aller à l'Opéra.
Je pense manger dans un petit restaurant à Montmartre.
Je vous en prie (*or* De rien). Au revoir.

4

Bonjour (monsieur). Avez-vous (*or* vous avez) une chambre s'il vous plaît?
C'est pour jeudi.
C'est pour deux personnes.
Je voudrais une chambre seulement. Avez-vous une chambre à deux lits ?
Parfait ! C'est combien ?
Le petit déjeuner est compris ?
Très bien. Je prends la chambre 25.
Non. C'est pour trois nuits; ça va ?
Madame Beauchamp et Mademoiselle Latrombe.

Try your skill

1

1 Ah non, je déteste toutes les viandes. (*Likes and dislikes* p. 93)
2 Est-ce qu'on peut garer la voiture ici s'il vous plaît?(*on peut* p. 102)
3 J'ai l'intention d'acheter beaucoup de cadeaux. (*needs and intentions* p. 111; *quantities* p. 63)
4 Je voudrais du pain. (*some*/*any* p.39)
5 Vous allez au restaurant? Bon appétit! (*Pour aller à la gare* p. 83; *Bon appétit* p. 100)
6 Pardon, quelle heure est-il? Il est sept heures. (*time* p. 103)
7 Oui, s'il vous plaît.
8 Vous aimez le beaujolais? Oui, mais je préfère le café. (*likes and dislikes* p. 93 ; *verbs* p. 120)
9 Quand est-ce qu'on peut visiter le musée? Tous les jours. (*on peut* p. 102)
10 Vous avez besoin de café? (*Needs* p. 111)
11 Si vous voulez des cartes postales, allez aux grands magasins. (*adjectives* p. 132; *à* p. 62)
12 Où est-ce qu'on peut manger par ici? Au restaurant Griffon. (*on peut* p. 102)
13 Où sont les grands magasins? Les voilà là-bas. (*plurals* p. 31; *pointing things out* p. 30)
14 Je vais chez mes parents avec mon mari. (*aller* p. 120; *my*/*your* p. 74)
15 Où allez-vous? Je pense aller à la campagne. (*intentions* p. 111)
16 La pharmacie est entre l'épicerie et le cinéma. (*vocabulary*)
17 Où est mon sac? Voici votre sac. (*My*/*your* p. 74)
18 Tous les champagnes sont chers. (*tout* p. 94)
19 Vous allez au lit à quelle heure? (*quand* p. 102)
20 Voulez-vous répondre à ces questions? (*je voudrais* p. 74 ; *ce* p. 94)
21 Quelles sont vos actrices préférées? (*quel* p. 94; *adjectives* p. 132)
22 J'ai l'intention d'acheter une grande voiture. (*intentions* p. 111; *adjectives* p. 132)
23 Je déteste les betteraves. Quelle horreur! (*likes and dislikes* p. 93 : *quel* p. 84)

24 Je vais prendre une semaine de vacances. (*Vocabulary*)
25 Voulez-vous vos billets? (*My/your* p. 74)
26 Je voudrais manger. J'ai faim. (*j'ai faim* p. 75)
27 Je ne les aime pas. (*it/them* p. 112)
28 M. Delambre travaille tous les matins. (*tout* p. 94)
29 Vous allez tout droit. (*Pour aller à la gare* p. 83)
30 Quel numéro voulez-vous? (*telephone numbers* p. 81)
31 Il y a un musée dans cette ville? (*ce* p. 94)
32 C'est la première à droite. (*the answers* p. 84)
33 C'est loin? Non, c'est à cinq cents mètres. (*directions* p. 123)
34 Où habitez-vous? Rue de la Grande Armée.
35 Je n'ai plus d'argent. Alors qu'est-ce que je vais faire?
   (*some/any* p. 39; and *vocabulary*)
36 Qu'est-ce que vous préférez? J'aime surtout la musique classique.
   (*Likes and dislikes* p. 93)
37 On peut fumer s'il vous plaît? (*on peut* p. 102)
38 Voulez-vous danser avec moi? (*je voudrais* p. 74; *moi* p. 75)
39 Est-ce qu'on peut manger ici s'il vous plaît? (*on peut* p. 102)
40 Est-ce que vous avez l'intention de travailler ce soir? (*intentions* p. 111)

2

A—5; B—8; C—3; D—7; E—11; F—4; G—1; H—10; I—6; J—2; K—9; L—12.

3

Mon mari *travaille* dans une banque et je *suis* étudiante *en médecine.*
J'habite un petit appartement dans une maison ancienne près *du* centre *de
la* ville. *Il y a* deux pièces: une petite chambre et une salle de *séjour,* avec,
bien sûr, une cuisine et une *salle* de bains. *Je voudrais* un appartement plus
grand ou une maison — je *préfère* habiter une maison. Mais l'appartement
est tranquille et *près* de mon travail. *On peut* partir le matin dix minutes
avant le travail et on n'a pas *besoin* de prendre l'autobus. Je *déteste*
l'autobus le matin!

Vocabulary

NB The English translations apply to the words *as they are used in the texts*. Adjectives are normally given only in the masculine singular form. For more information on agreement see the adjective list on p. 132.
Abbreviations: *m* masculine; *f* feminine; *pl* plural; *adj* adjective

---

A

à *at; to; in; with* (*p. 50*)
a *has* (*from* avoir)
abandonner *to abandon*
abominable *dreadful*
ai: j'ai *I have* (*from* avoir)
absolument *absolutely*
l' accident (*m*) *accident*
accepter *to accept*
accompagner *to go with*
acheter *to buy*
l' acteur (*m*) *actor*
actif *active*
l' activité (*f*) *activity*
l' actrice (*f*) *actress*
l' adepte (*m* or *f*) *fan, enthusiast*
adieu *farewell*
adorer *to love, adore*
l' adresse (*f*) *address*
l' âge (*m*) *age*; quel âge avez-vous? *how old are you?*
âgé de deux ans *two years old*
l'agent (*m*) *policeman* (*see p. 16*)
agréable *pleasant*
l' aide (*f*) *help*
aimable *kind*
aimer *to like, love*
l' alcool (*m*) *alcohol*
l' aligoté (*m*) *white wine from Burgundy* (see p. *46*)
alimentaire *to do with food* (*adj*)
aller *to go* (*see p. 120*); allez! *come on!*
un aller-retour *return ticket;* un aller simple *single ticket*
allô *hello* (*on telephone*)
alors *well;* non alors! *oh no!*
l' amant (*m*) *lover*
l' ambulance (*f*) *ambulance*
américain *American*
l' ami (*m*) *friend*
l' amour (*m*) *love*
amoureux *in love*
les amoureux *lovers*

l'an (*m*) *year;* le Jour de l'An *New Year's day;* j'ai trente ans *I'm thirty years old*
l' anatomie (*f*) *anatomy*
ancien *old, ancient*
l' andouillette (f) (*see p. 100*)
anglais *English*
l' Angleterre (*f*) *England*
les animaux (*m*) *animals*
l' appareil (*m*) *machine*; à l'appareil *on the telephone;* l'appareil ménager *household gadget*
l' appartement (*m*) *apartment*
appeler: je m'appelle *my name is;* comment vous appelez-vous? *what's your name?*
l' appétit (*m*) *appetite*; bon appétit *enjoy your meal*
après *after*
l' après-midi (*m*) *afternoon*
l' argent (*m*) *money*
l' armée (*f*) *army*
l' arrêt (*m*) d'autobus *bus-stop*
arrêter *to stop*
arriver *to arrive; to come;* j'arrive *I'm coming*
l' art (*m*) *art*; les Beaux-Arts *Fine Arts*
l' artiste (*m* and *f*) *artist*
l' ascenseur (*m*) *lift*
l' aspirateur (*m*) *vacuum cleaner*
assez *quite; quite a lot; enough*
l' assurance (*f*) *insurance*
l'athlète (*m* or *f*) *athlete*
l' attachée (*f*) de presse *press officer*
l' attaque (*f*) *attack*; à l'attaque *charge*
attendre *to wait*; attendez! *wait!*
attention! *careful; watch out!*
au (*pl* aux) *at the; to the; with* (*p. 50*)
au revoir *goodbye*
aucun *no* (*adj*)
aujourd'hui *today*
aussi *as well; too*
l' autobus (*m*) *bus*
automatique *automatic*
l' autoroute (*f*) *motorway*

l' auto-stop (*m*) *hitch-hiking*
   autre *other*; autre chose *something else*
   avec *with*
   avez: vous avez *you have* (*from* avoir)
   avoir *to have* (*see p. 120*); avoir froid *to be cold*; avoir faim *to be hungry*; avoir soif *to be thirsty*; avoir besoin de *to need*

B

le baba au rhum *rum baba*
la baguette *French loaf* (*see p. 46*)
le bain *bath*
la banane *banana*
la banque *bank*
le bar *bar*
le bâtiment *building*
   beaucoup *a lot, very much*
   beau (*f* belle) *beautiful;* il fait beau *it's nice weather*
les beaux-parents (*m*) *parents-in-law*
les Beaux-Arts *Fine Arts*
   belge *Belgian*
   belle (*f*) *beautiful*
   besoin: avoir besoin de *to need*
la betterave *beetroot*
le beurre *butter*
   bien *well*; bien sûr *of course*; ou bien *or else*
   bientôt *soon*; à bientôt *see you soon*
la bière *beer*
le bifteck *steak*
le billet *ticket*
le biscuit *biscuit*
   bizarre *strange*
   blanc *white*
   blessé *hurt*
   bleu *blue*
   boeuf: le rôti de boeuf *roast beef*
   boire *to drink*; je bois *I drink*
le bois *wood*; le feu de bois *log fire*
la boîte *tin, box*
   bon *good*
le bonheur *happiness*
   bonjour *hello*
   bonsoir *good evening*
la botte *boot*
le boulevard *boulevard, avenue*
la Bourgogne *Burgundy*
la bouteille *bottle*
la boxe *boxing*
la Bretagne *Brittany*
la brioche *brioche* (*see p. 47*)
   bruxellois *from Brussels*
   bruyant *noisy*
le bureau *office*; le bureau de tabac *tobacconist's* (*see p. 109*)

C

   ça *that;* ça va? all right? (*see p. 35*); ça fait combien ? *how much does that come to ?*; avec ça ? *anything else ?*; c'est ça *that's right*
la cabine *booth; telephone box* (*see p. 80*)
le cadeau *present*
le café *coffee*; le café crème, le café au lait *white coffee*
la caisse *cash desk* (*see banque p. 37*)
   calme *quiet, calm*
le calvados *calvados* (*apple brandy*)
la campagne *countryside*
le camping: le terrain de camping *camp-site*
le capitaine *captain*
la capitale *capital*
   car *as, because*
le car *coach*
la carte *map*; carte d'identité *identity card* (*see p. 16*);
la carte grise *log book*
la carte postale *post card*
   cassé *broken*
le cassis *blackcurrant juice* (*see p. 46*)
la catastrophe *catastrophe*
la cathédrale *cathedral*
   ce *it*; c'est *it is, she is, he is*
   ce *this, that* (*see p. 94*.)
   cela *that*; c'est cela *that's it*
   ceci *this*
le céleri *celery*
   célibataire *single*
   cent *hundred*
le centre *center*; le centre ville *town center*
   certain *certain*
   certainement *certainly*
   ces *these, those* (*see p. 94*.)
   cet (*f* cette) *this, that* (*see p. 94*)
la chambre (*bed*)*room*
le champ *field*
le champagne *Champagne*
le champignon *mushroom*
la chance *luck*
le changement *change*
la chanson *song*
le chanteur *singer*
la charcuterie *delicatessen; cooked meats* (*see p. 46*)
   charmant *charming*
le charme *charm*
la chasse *hunting, shooting;* aller à la chasse *to go hunting*
le chasseur *hunter*
le château *castle*
la chaussette *sock*
la chaussure *shoe*
la chemise *shirt*
le chèque *check*

cher *dear, expensive*
chercher *to look for*
chéri *darling*
chez: chez moi *in/to my home*
le chocolat *chocolate*
la chose *thing*; autre chose *something else*;
    quelque chose *something*
chut! *shh! (i.e. keep quiet)*
la chute de pierres *falling rocks*
la cigarette *cigarette*
le cinéma *cinema*
cinq *five*
circuler *to move (traffic)*
le citron *lemon*; le citron pressé *(see p. 100)*
la civilisation *civilization*
la classe *class*
classique *classical*
la clé *key*
le climat *climate*
le cocker *cocker spaniel*
la coïncidence *coincidence*
combien? *how much?*; combien de . . .
    how much/many . . .; ça fait combien?
    how much does it come to?; c'est
    combien? *how much is it?*
comique *comic*
comme *like; as*
commencer *to begin*
comment: comment vous appelez-vous?
    what's your name?; il est comment?
    what's he like?; comment! *what!*
la commerçante *shop-keeper (female)*
le commerce *commerce, business*
communiste *communist*
complet *full (see p. 48)*
le compositeur *composer*
compris *included (see p. 117)*
    le comté *comté cheese (see p. 48)*
la confiture *jam*
consommation: la société de
    consommation *the consumer society*
content *happy*
continuer *to continue, go on*
le coq au vin *coq au vin (chicken stewed in
    wine)*
coquette *smart (adj)*
côté: à côté de *next to, beside*; de l'autre
    côté *on the other side*
la couleur *color*; la télévision-couleur
    color television
la coupe de cheveux *haircut*
la cour *parade ground*
le courage *stamina*; courage! *come on!*
la cousine *cousin (female)*
le couteau *knife*
le couturier *fashion designer*
la cravate *tie*
la crème *cream*

le crème *white coffee*
la crise de l'énergie *the energy crisis*
le croissant *croissant*
    cubiste *cubist*
la cuisine *kitchen; cooking*
les cuisses (f) de grenouilles *frog's legs*
    cuit *cooked*
la culture *culture*; la maison de la culture
    (see p. 71)
    culturel *cultural*

D

d'abord *first of all*
d'accord *all right, O.K.*
dangereux *dangerous*
dans *in*
danser *to dance*
de *of; from*
la décadence *decadence*
    décidé *decided*
le défaut *fault*
    dehors *out, outside*
le déjeuner *lunch*; le petit déjeuner *breakfast*
    demain *tomorrow*
    demi *half*; une heure et demie *half past one*
    déranger *to disturb*
    dernier *last*
    des *of the; some, any (see p. 39)*
    désagréable *unpleasant*
    descendre *to go down*
    désirer: vous désirez? *what would you
    like?*
    désolé *very sorry*
le dessert *dessert*
    détester *to hate*
    deux *two*
    deuxième *second*
    devant *in front of*
    Dieu *God*; mon Dieu *goodness me (see
    p. 26)*
    dimanche *Sunday*
le diplomate *diplomat*
    direct *direct*
le directeur *manager*
la direction *direction*
    dix *ten*
la dizaine *about ten*; des dizaines *lots of*
le docteur *doctor*
    donc *therefore, so, then*
    donner *to give*
    dormir *to sleep*
la douche *shower*
    douce: la moutarde douce *mild mustard*
la douzaine *dozen*
le dragon *dragon*
    droit: tout droit *straight on*

droite *right*
du *of the; some (see p.39)*
le duc *duke*
du tout *at all*
dynamique *dynamic*

E

l' eau (*f*) *water*
écouter *to listen to*
l'éducation (*f*) *manners; education*
également *also, as well*
l' église (*f*) *church*
égoïste *selfish*
eh bien *well, well then*
élégant *elegant*
elle *she, it;* elles *they*
l' émission (*f*) *broadcast*
en *in, on;* en ville *to town*
encore *still, yet;* encore de *some more*
l' endroit (*m*) *place*
l' énergie (*f*) *energy*
l' enfant (*m* or *f*) *child*
enfin *at last; well now*
enlever *to take off; to take out*
énormément: j'aime énormément *I love,
adore*
ensemble *together;* les grands ensembles
high rise blocks
ensuite *next, afterwards*
entendu *certainly, of course*
l'entraînement (*m*) *training*
entre *between*
entrer *to come in, go in*
épice: le pain d'épice *gingerbread*
l' épicerie (*f*) *grocer's*
l' escargot (*m*) *snail*
espagnol *Spanish*
essentiellement *basically*
est *is;* est-ce que (*see p. 61*)
et *and*
l' étage (*m*) *floor*
l' été (*m*) *summer*
êtes: vous êtes *you are (from* être*)*
l' étoile (*f*) *star*
être *to be (see p. 120)*
l' étudiant (*m*) *student (male)*
l' étudiante (*f*) *student (female)*
l' événement (*m*) *event*
exactement *exactly*
excusez-moi *excuse me;* excusez-nous
excuse us; je m'excuse *I'm sorry*
exemple: par exemple *for instance, for
example*
l' exercice (*m*) *exercise*
l' exposition (*f*) *exhibition*
l' extérieur (*m*): à l'extérieur de *outside*

F

face; en face (de) *opposite*
facile *easy*
façon: d'une façon générale *in general
terms*
faim: avoir faim *to be hungry*
faire *to make, to do (see p. 120)*
fait (*from* faire): ça fait combien? *how
much does it come to?;* il fait beau *the
weather's nice*
familial *of the family (adj)*
la famille *family;* la mère de famille *wife and
mother*
fatigant *tiring*
fatigué *tired*
la femme *woman; wife*
fermé *closed*
fêter *to celebrate*
le feu *fire;* le feu de bois *log fire*
les feux (*m*) rouges *traffic lights*
février *February*
la fille *girl*
le film *film*
le fils *son*
la fin *end*
la finale *final*
fini *finished*
finir *to finish*
la firme *firm*
le flic *cop (see p. 91)*
la fois *time*
folie: à la folie *madly (see p. 120)*
la folle *silly girl*
la forêt *forest*
formidable *tremendous*
fort *strong*
la fortune *fortune*
la foule *crowd*
frais *fresh*
la fraise *strawberry*
la framboise *raspberry*
le franc *franc*
français *French;* le Français *Frenchman*
la Française *Frenchwoman*
le frère *brother*
le frigidaire *fridge*
les frites (*f*) *chips*
froid: avoir froid *to be cold*
le fromage *cheese*
le fruit *fruit*
fumer *to smoke*
furieux *furious*

G

galant *gallant*
le garage *garage*

le garçon *boy; waiter*
le gardien *keeper, attendant*
la gare *station*
  garer *to park*
  gastronomique *gastronomic*
le gâteau *cake*
  gauche *left*
le gendarme *policeman (see p. 16)*
  général: en général *as a rule, in general*
  généralement *generally*
la génération *generation*
le genre *sort, kind*
  gentil *nice; kind*
la géographie *geography*
  gourmet *gourmet*
  grand *big, large, great*; les grands
    ensembles *high rise blocks*
  gratuit *free*
  grave *serious*
la grenouille *frog*
  grillé *grilled*
  gris *grey*; la carte grise *log-book*
  gros *big, large*
le groupe *group*

H

  habitable *habitable*
  habiter *to live*
  haut *high*
le héros *hero*
l' heure (f) *hour*; quelle heure ? *what time ?*;
    trois heures *three o'clock*
  heureux *happy*
l' histoire (f) *history*
  historique *historic*
l' homme (m) *man*
  honnête *honest*
l' hôpital (m) *hospital*
  horreur: quelle horreur *how dreadful*
l'hôtel (m) *hotel*
l' hôtesse (f) *receptionist*
l' huile (f) *oil*
  huit *eight*
l' huître (f) *oyster*

I

  ici *here*; par ici *this way; nearby*
  idéal *ideal*
  il *he, it*
  il y a *there is, there are*; Qu'est-ce qu'il y
    a ? *what's the matter ?*
l' imbécile (m or f) *fool*
  importe: n'importe quel *any*
  impossible *impossible*
  indécis *undecided*
  indiqué *signposted*
  indiscret *indiscreet*

individualiste *individualistic*
individuel *individual (adj)*
l' industrie (f) *industry*
l' infirmière (f) *nurse*
les informations (f) *news*
  inquiet *on edge*
l' insecte (m) *insect*
  instant: un instant *just a moment*
l' instrument (m) *instrument*
  intention: avoir l'intention de *to intend to*
  interdit *forbidden (see p. 71)*
  intéressant *interesting*
l' invasion (f) *invasion*

J

  jaloux *jealous*
le jardin *garden; park (see p. 71)*
le jazz *jazz*
  je (j' *before vowel*) *I*
le jeudi *Thursday*
  jeune *young*
  joli *pretty*
  jouer *to play; to act*
le jour *day*; Jour de l'An *New Year's Day*
la journée *day, daytime*
le jus *juice*
  jusqu'à *as far as, until*
  juste *just; exactly*

K

le kilomètre *kilometer*

L

  la *the (f); it/her*
  là *there; here*; par là *that way*; là-bas *over
    there*
le lac *lake*
  laisser *to leave*
le lait *milk*
le lapin *rabbit*
  le *the (m); it, him*
le légume *vegetable*
  les *the (pl); them*
la Libanaise *Lebanese woman*
la liberté *freedom, liberty*
  libre *free*
  lire *to read*
la liste *list*
le lit *bed*
le litre *liter*
la livre *pound (see p. 70)*
  loin *far*
les loisirs (m) *leisure activities*
  louer *to rent, hire*
le lundi *Monday*

M

ma *my* (*see p. 74*)

la machine à laver *washing machine*;
    machine à laver la vaisselle *dish-washer*

madame *Mrs; madam;* mesdames *ladies*
    (*see p. 15*)

mademoiselle *Miss* (*pl.* mesdemoiselles, *see*
    p. 15)

le magasin *shop;* les grands magasins
    department stores

magnifique *magnificent*

la main *hand*

maintenant *now*

la mairie *town hall* (*see p. 36*)

mais *but;* mais oui *of course;*
    mais non *of course not*

la maison *house;* la maison de la culture (*see*
    p. 71); à la maison (*at*) *home;* la spécialité
    de la maison (*see p. 58*)

mal *bad, badly*

malade *ill*

le malheur *misfortune*

la mandarine *mandarin*

manger *to eat*

marcher *to walk*

le mardi *Tuesday*

le mari *husband*

marié *married*

le massacre *massacre*

le matin *morning*

médiéval *medieval*

me *me*

même *same; even*

ménager *household* (*adj*)

la mer *sea*

merci *thank you;* merci beaucoup *thank
    you very much;* merci bien *many thanks*

le mercredi *Wednesday*

la mère *mother*

mes *my* (*pl*) (*see p. 74*)

le message *message*

la Messe *Mass*

messieurs-dames (*see p. 15*)

le mètre *meter*

miam miam *yum yum*

le miel *honey*

mieux *better;* ça va mieux *that's better*

le minimum *minimum*

la minute *minute*

le miracle *miracle*

le mixer *electric mixer*

le modèle *model*

moi *me* (*see pp 46 and 75*)

moins *less*

le moment *moment;* un moment ! *just a
    minute !*

mon *my* (*see p. 74*)

la monnaie *change*

monsieur *Mr, sir;* messieurs *gentlemen*
    (*see p. 15*)

la montagne *mountains*

monter *to go up*

le monument *monument*

le morceau *piece*

mort *dead*

mourir *to die*

la moutarde *mustard*

moyen *average; medium*

municipal *municipal*

mûr *ripe*

le musée *museum*

le musicien *musician*

la musique *music*

N

la natation *swimming*

la nature *nature*

nécessaire *necessary*

ne . . . pas *not* (*see p. 62*)

ne . . . personne *nobody*

ne . . . plus *no longer, no more* (*see p. 62*)

n'est-ce pas? (*see p. 61*)

neuf *nine*

Noël (*m*) *Christmas*

noir *black*

le nom *name*

nombreux *numerous*

non *no*

normalement *usually*

noter *to note down*

nous *we, us*

nouveau *new*

le numéro *number*

O

occupé *engaged*

l' oeuf (*m*) *egg*

l' ombre (*f*) *shadow*

l' omelette (*f*) *omelet*

on *you; one* (*see p. 102*)

l' orange (*f*) *orange*

ordinaire *ordinary*

organiser *to organize*

ou *or;* ou bien *or else*

où *where*

oublier *to forget*

oui *yes*

P

le pain *bread;* le pain d'épice *gingerbread*
    (*a speciality of Dijon*)

la paire *pair*

le palais *palace*

le pamplemousse *grapefruit*
le panneau *sign-post*
le pantalon *trousers*
    papa *daddy*
le paquet *packet*
    par *by*; par ici *this way; nearby*;
        par là *over there, that way*;
        par exemple *for instance, for example*
le parc *park*
    parce que *because*
    pardon *pardon, excuse me*
    parfait *perfect*
    parisien (f—enne) *Parisian*
le parking *car park*
    parler *to speak*
    part: de la part de (*see p. 75*)
    particulier *private*
la partie *game*
    partir *to leave, go away*
    partout *everywhere*
    pas *not*; pas de . . . *no* . . .; ne . . . pas (*see p. 2*)
le passage *passage*
    passer *to pass; to spend*
la passion *passion; great love*
    passionnément *wildly* (*see p. 99.*)
le pâté de campagne *country pâté*
    patienter *to wait*
    pauvre *poor*
    payer *to pay*
le péage *toll*
    peindre *to paint*
le peintre *painter*
la pellicule *film*
la pelouse *lawn, grass*
    penser *to think*; je pense *I think so*
la pension *boarding-house*
le père *father*
la période *period*
le permis de conduire *driving license*
le personnage *person*
        ne . . . personne *no-one*
la personne *person*
la pétanque *bowls* (*see p. 100*)
    petit *little, small*
le petit déjeuner *breakfast*
    peu: un peu *a little, a bit*; à peu près *about, approximately*
    peut: on peut *you/one can* (*see p. 102*)
    peut-être *perhaps*
la pharmacie *pharmacist*
la pharmacienne *woman pharmacist*
le philosophe *philosopher*
la photo *photo*
la pièce *room*
    pied: à pied *on foot*
    pique-niquer *to picnic*
    pis: tant pis *too bad*

la place *square*
la plage *beach*
    plaît: s'il vous plaît *please*
le plan *street-map*
    plastique *plastic*
le plat *dish*
    plus *more*; ne . . . plus *not . . . any more* (*see p. 62*); non plus *either*; en plus *extra*
    plusieurs *several*
la poche *pocket*
la poire *pear*
le poisson *fish*
la pomme *apple*
le pompier *fireman* (*see p. 37*)
le pont *bridge*
le porte-monnaie *purse*
    posséder *to possess, have*
    possible *possible*
la possibilité *possibility*
    postal: la carte postale *post card*
la poste *post office*
le pot *pot, jar*
la poule *hen*
le poulet *chicken*
    pour *for*
le pourboire *tip*
    pourquoi? *why?*
    pratique *practical*
    pratiquer *to take part*
    préféré *favorite*
    préférer *to prefer, like most*
    premier *first*; en premier *first of all*
    prenant *time-consuming*
    prendre *to take; to have*; je prends *I'll take*; qu'est-ce que vous prenez? *what will you have?*
le prénom *christian name*
    préparé *prepared*
    près *near*; tout près *very near*; à peu près *approximately*
    présenter *to present*
le président *president*
    pressé *in a hurry*; le citron pressé (*see p. 100*)
    prie: je vous en prie *you're welcome, don't mention it; that's O.K.*
le prince *prince*
la princess *princess*
la prison *prison*
le prix *price*
le problème *problem*
    prochain *next*
    proche *near*
le professeur *teacher*
le progrès *progress*
    propre *clean*
le psychiatre *psychiatrist*
le pub (*see p. 90*)

le public *public*
    public (*adj. f – ique*) *public*
    puis *then*
    puisque *since*
les Pyrénées (*f*) *Pyrenees*

Q

le quai (*river*) *bank; platform*
la qualité *quality*
    quand *when*
le quartier *neighborhood;* dans le quartier
    nearby, around here
    quatre *four*
    que? *what?*
    quel? *which?* (*see p. 94*);
    quel! *what a . . . !* (*see p. 84*);
        n'importe quel *any*
    quelque *some*; quelque chose *something*
    quelqu'un *someone*
    qu'est-ce que? *what?*
la question *question*
    qui *who*; qui est-ce? *who is it?*
    quitter *to leave*; ne quittez pas *hold the
        line* (*telephone*)
    quoi? *what?*

R

la radio *radio*
la réception *reception*
    réduit *reduced*
    regarder *to look at, watch*; regardez! *look!*
la région *region*
    régional *regional*
    regrette: je regrette *I'm sorry*
    relativement *relatively*
    relaxez-vous! *relax!*
    religieux *religious*
    remercier: je vous remercie *thank you*
le rendez-vous *appointment*
le repas *meal*
    répondre *to reply*
la réponse *reply*
le reportage *report*
le repos *rest*
la république *republic*
    responsable *responsible*
    rester *to stay*
la révolution *revolution*
    riche *rich*
    rien *nothing*
la rive (*river*) *bank*
la rivière *river*
la robe *dress*
    romantique *romantic*
    rôti *roast*; le rôti de boeuf *roast beef*
    rouge *red*

la route *road*
la rue *street*

S

le sac *bag*
    sais: je ne sais pas *I don't know*
la saison *season*
la salade *salad*
    sale *lousy* (*lit. dirty*)
la salle *room*; la salle de bains *bathroom*; la
    salle de séjour *living room*; la salle de
    spectacle *small theatre*
le salsifi *salsify*
    saluer *to salute*
    samedi *Saturday*
la santé *health*
la sardine *sardine*
le saucisson *sausage*
    sauf *except*
la séance *sitting* (*see p. 81*)
la seconde *second*
    secours: au secours! *help!*
le secret *secret*
le séjour *stay; living room;* bon séjour *have a
    good stay*
la semaine *week*
    sept *seven*
le service *service*; à votre service *don't
    mention it*
    servir *to serve*
    seul *alone*; un seul *just one*
    seulement *only*
    si *if; yes* (*see p. 46*)
    simple *simple, easy*
    six *six*
le ski *skiing*
la société *society*; la société de consomma-
    tion *consumer society*
la soeur *sister*
    soif: avoir soif *to be thirsty*
le soir *evening*
le soleil *sun*
le sommeil *sleep*
    somme: en somme *in short*
    son *his/her*
    sont *are* (*from* être)
la sorcière *witch*
la sortie *way out, exit*
    sortir *to go/come out*
    sous *under*
    souvent *often*
    spécial *special*
    spécialement *especially*
la spécialité *speciality*; la spécialité de la
    maison (*see p. 58*)
le spectateur *spectator*
    spirituel *witty, humorous*

splendide *splendid*
le sport *sport*
  sportif *sporty*
le sprint *sprint*
le square *square* (*see p. 71*)
le stationnement *parking*
  stationner *to park*
  suffisant *enough*
le sucre *sugar*
  suis: je suis *I am* (*from* être)
  suite: tout de suite *straight away*
  suivre *to follow*
  superbe *superb*
le supermarché *supermarket*
  sur *on*
  sûr *sure*; bien sûr *of course*
  surtout *above all*

T

  tabac: le bureau de tabac *tobacconist's*
le tableau *picture*
le talent *talent*
  tant: tant pis *too bad*; tant mieux *so much the better*
la tante *aunt*
  tard *late*
le tarif *tariff, charge*
la tarte *tart*; la tarte aux pommes *apple tart*
la tasse *cup*
le taxi *taxi*
le teckel *dachshund*
la télé *telly   television*
le téléphone *telephone*
  téléphoner *to telephone*
le téléspectateur *viewer*
la télévision *television*
  tellement *so much*
le temps *time*
le terrain de camping *camp-site*
  terrible *terrible*
le thé *tea*
le théâtre *theater*
le timbre *stamp*
  timide *shy*
le tire-bouchon *corkscrew*
le toit *roof*
la tomate *tomato*
  toujours *always; still*
le touriste *tourist*
  touristique *touristic*
  tourner *to turn*
  tout (*pl* tous) *all, every*
  tout *everything*; c'est tout *that's all*; pas du tout *not at all*; tout droit *straight on*; tout de suite *straight away*; tout près *very near*; tout simple *very simple*; tout le monde *everybody*

le train *train*
le tranche *slice*
  tranquille *quiet*
le travail *work*; au travail! *to work!*
  travailler *to work*
  traverser *to cross*
  très *very*
  triste *sad*
  trois *three*; troisième *third*
la trompette *trumpet*
le trompettiste *trumpeter*
  trop *too, too much*
  trouver *to find*
  typique *typical*

U

  un (*f* une) *one; a/an*
l' université (*f*) *university*
  urgent *urgent*
  uniquement *only*

V

  va *goes*; ça va? *all right?* (*see p. 35*)
les vacances (*f*) *holidays*; en vacances *on holiday*
  vais: je vais (*from* aller) *I'm going*
la vaisselle *washing up*
  venez *come*
le verre *glass*
  vert *green*
la veste *jacket*
les vêtements (*m*) *clothes*
la viande *meat*
la vie *life*
  vieux (*f* vieille) *old*; mon vieux *old boy*
le village *village*
la ville *town, city*
le vin *wine*
  visiter *to visit*
le visiteur *visitor*
  vite *quickly*
  vivant *alive*
  vive . . . ! *long live . . . !* (*see p. 56*)
  vivre *to live*
  voici *here is*
  voilà *there is*; voilà madame *there you are madam*
la voile *sailing*
  voir *to see*
la voiture *car*
le voleur *thief*
  votre (*pl* vos) *your* (*see p. 74*)
  voyager *to travel*
  vraiment *really*
  voudrais: je voudrais *I'd like*
  voulez-vous? (*from* vouloir) *would you like? will you?* vous voulez *you want*
  vous *you*

W

le wagon-bar *bar (on train)*
le wagon-restaurant *restaurant car*
le whisky *whisky*

Y

le yaourt *yoghurt*

Z

zut *damn, blast*

Acknowledgment is due to the following for permission to reproduce illustrations:

PAUL ALMASY restaurant, page 109; CAMERA PRESS LTD (photos Paul Almasy) street cafe, page 22, Nevers road signs, page 36; J. ALLAN CASH LTD Marseille market, Marseille harbour (Noel Habgood), both front cover, road signs in town, page 36, Rue de Rivoli, page 130: EDITIONS P.I., PARIS Antony Town Hall, page 36; FRENCH GOVERNMENT TOURIST OFFICE Saint – Madeleine de Vézelay, front cover; KEYSTONE PRESS AGENCY patisserie, page 46, Metro exit, page 70, flats, page 120; LEO PELISSIER charcuterie, page 47, fruit stall, page 68; AGENCE RAPHO cheese shop, page 47, graffiti (J. P. Defail), page 57, Maison de la Culture (R. Tholy), page 72, road signs (Ciccione), boules (Herve Donnezan), both page 99, outside cafe, page 108, Tabac, page 109, hotel reception, page 113 (all J. P. Defail), pharmacie (J. Gourbeix), page 118; JEAN RIBIERE identity card, page 16, women in street, page 22, drugstore, page 91; H. ROGER VIOLLET Provence farmers, page 22, posters, mustard pots, both page 57, notice, page 70, oyster stall, page 80, Pub Magenta (photo Lapad), page 90, Rue Mouffetard, page 131.
KSENIJA WILDING bistro, front cover.
Postage stamp on the back cover is reproduced by kind permission of the French PTT.

Listen to the real sounds of France

Most language learning tapes present French as if it were something that existed in a vacuum. These tapes are different! The brief dramatizations use the sounds of France. The sketches are based on real situations and the recordings were made in France—in the streets, in cafes and shops, in people's houses—and so the voices you hear are those of ordinary French people going about their everyday activities. Practice your new language by listening to authentic French.

These tapes have been *designed* to accompany the BARRON'S / BBC texts; why not order your set today?

Tape 1	**Programs 1-12**	**$5.20**
Tape 2	**Programs 13-24**	**$5.20**

Available at your local bookseller or
order direct adding 10% postage plus applicable sales tax.

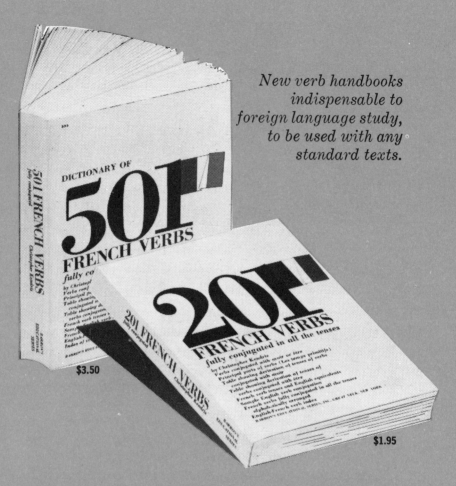

More Help Needed?

BEGINNING TO WRITE IN FRENCH
A Workbook in French Composition

Over 200 basic idioms and verbal expressions are used.
Each unit offers practice in parallel writing, in simple
controlled composition and in self-expression. $2.50 pa.

1001 PITFALLS IN FRENCH

Common pitfalls in vocabulary nuances, grammar,
usage, and style are illustrated by contrasting
examples which help the student understand errors
and avoid future mistakes. All topics are arranged in
alphabetical order for easy reference. $2.95 pa.

CARD GUIDE TO FRENCH GRAMMAR

All the fundamentals of grammar at your fingertips—
condensed but large enough to be read easily. On a
varnished 8½"x11" card, punched to fit any 3-ring
binder. 2-sided, $1.50 pa.

At your local bookseller or order direct adding 10% postage plus applicable sales tax.

Barron's Educational Series, Inc./Woodbury, NY

FRENCH BILINGUAL DICTIONARY

A BEGINNER'S GUIDE IN WORDS AND PICTURES

The Apple   La Pomme

acheter [a-SHTAY] : to buy

j'achète	nous achetons
tu achètes	vous achetez
il, elle achète	ils, elles achètent

Le garcon achète une balle.
The boy is buying a ball.

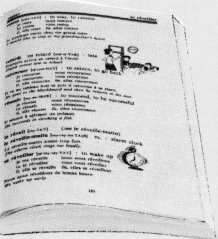

By Gladys C. Lipton,
Asst. to Dir., Bureau of Foreign Languages, Board of Education of the City of New York

- 1300 word entries spotlighting the most commonly used words—a dictionary especially for beginners
- English-French Finder List which permits instant translations of primary words
- special reference tables—bilingual number tables, measurements, grammatical terms, classroom expressions, and more

Each word entry is followed by a pronunciation key and includes a sentence example using the word. Idiomatic expressions are cross-listed and the overall format of the book is simple. $3.95 paper